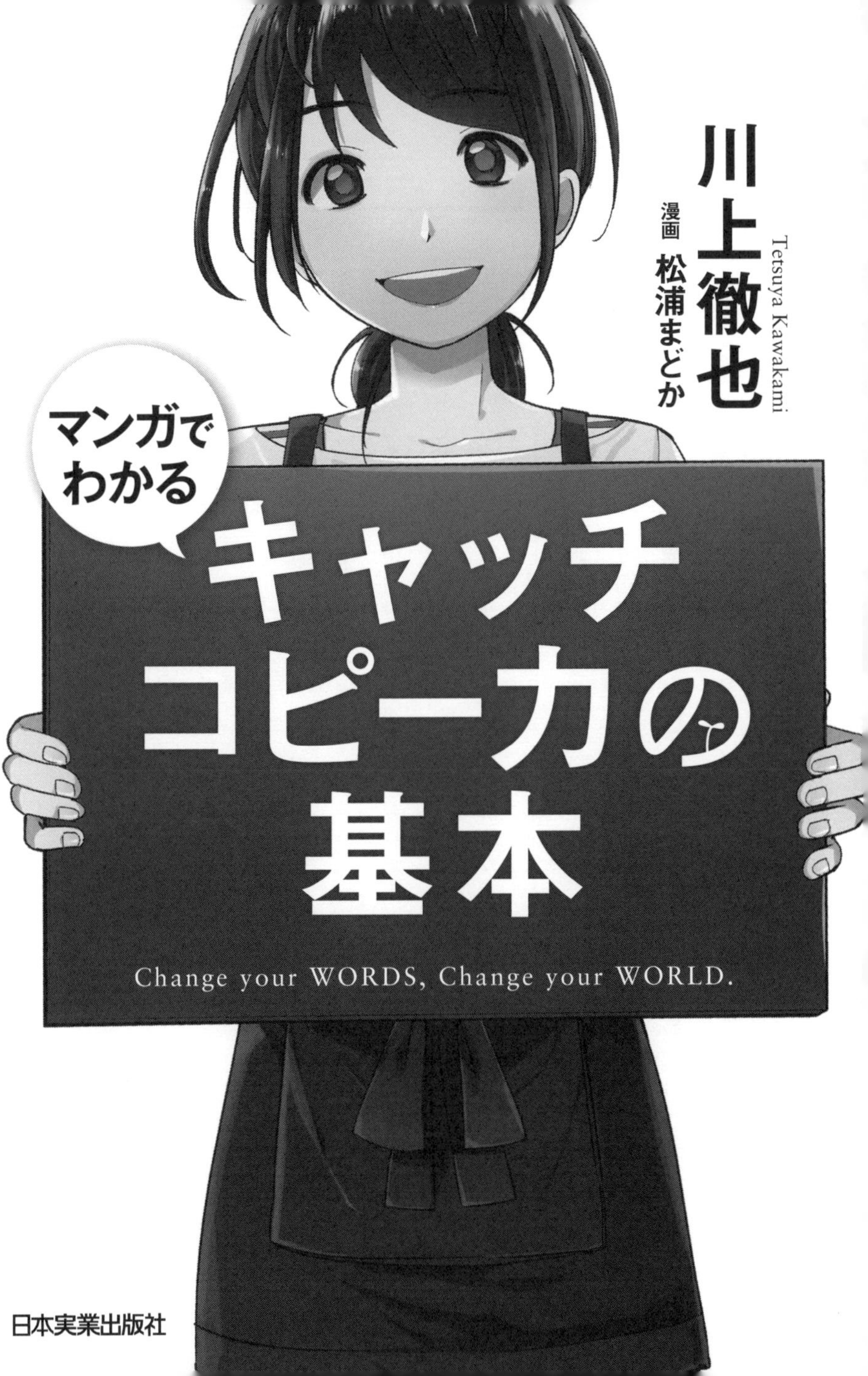

川上徹也

Tetsuya Kawakami

漫画　松浦まどか

マンガでわかる

キャッチコピー力の基本

Change your WORDS, Change your WORLD.

日本実業出版社

はじめに

ここ数年、ＳＮＳの盛り上がりなどによって、より幅広い層の人たちに「言葉で人の気持ちを動かす」というニーズが強まっています。だとしたらマンガという形で多くの人たちに「キャッチコピー力」のテクニックを伝える本が求められているかもしれないと考え、このプロジェクトは始動しました。

本書は２０１０年に刊行された『キャッチコピー力の基本』をベースにマンガにしたものです。「ずいぶん昔の本をマンガにしたな」と思われる方も多いかもしれません。実は私、著者である川上徹也《かわかみてつや》自身もそう思ったひとりです。

いまから1年数カ月前の２０１７年秋、「『キャッチコピー力の基本』をマンガにしたい」と聞いたとき、耳を疑いました。確かに、発売から10年近くたっても毎年版を重ね売れ続けているロングセラーであり、台湾・韓国・中国でも翻訳され売れていますし、また私自身にとってもはじめて「キャッチコピー」について書いたことから思い入れはあるものの、マンガ向きの本とは思えなかったからです。

しかし、話し合う中で、物語を楽しみながら自然と「キャッチコピー力の基本」が身につくような一冊にしようというコンセプトがかたまっていきました。そして「ヒロインが天才コピーライターの手を借りながら実家である老舗のうなぎ屋さんを再生させる」というストーリーが誕生したのです。

マンガの中では、キャッチコピー力が必要となる場面をできるだけ多く取り上げるようにし、さらに解説で補足しました。SNSやブログでの投稿、お店のお品書きやPOPなどの販促物、就職活動などの自己PR文、企画書やプレゼン資料などに応用できる「人の心を大きく動かす文章術」などを取り上げています。

「キャッチコピー力」は仕事だけではなく、あらゆる場面であなたの人生を切り開いてくれる能力です。本書をきっかけに「言葉」「キャッチコピー」に関心をもってくれる人が増えることを願っています。あなたがそうだとしたらうれしいです。


さてここからは、マンガの中で天才コピーライターとしても登場している平賀源一《ひらがげんいち》さんにおまかせしましょう。源一さんには今回、マンガの設計図にあたるシナリオと、解説部分も執筆していただきました。

どんな作品になっているか、著者である私も楽しみです。ではではいよいよ本編のスタートです。

目次

マンガでわかる
キャッチコピー力の基本

登場人物

神田 結（かんだ ゆい）

江戸時代から続く老舗のうなぎ屋「神田屋」の長女。父の死後、経営不振の神田屋を立て直すため、仕事を辞めて実家に戻ってきた。気が強くて短気。

神田 舞（かんだ まい）

結の妹。大学生で就職活動のかたわら、実家の神田屋も手伝っている。姉と違っておっとりしていて気が長い。地味な自分を変えたいと思っている。

平賀源一（ひらが げんいち）

「平賀源内の生まれ変わり」の異名をとるイケメン＆天才コピーライター。客として訪れた神田屋で結、舞と知り合い、神田屋再生のために手を貸すことに。

カバーデザイン／井上新八
マンガ編集／株式会社トレンド・プロ
マンガ・カバーイラスト／松浦まどか
本文デザイン・DTP／関根康弘（T-Borne）

平賀源内（ひらが げんない）

「日本のレオナルド・ダ・ヴィンチ」と称される江戸時代のマルチクリエイター。発明家、博物学者、鉱山技師、コンサルタント、イベントプランナー、日本初の西洋画家、ベストセラー小説家、人気浄瑠璃作家など、数多くの肩書を持つ。また「日本最初のコピーライター」ともいわれている。

なかでも有名なのは「本日、土用の丑の日」というキャッチコピー。

これはあるうなぎ屋が夏場にうなぎが売れないことを悩み（当時、うなぎの旬は冬とされていた）、たまたま近所に住んでいた平賀源内に相談に行き、考えてもらったキャッチコピーだという説がある。店頭にその一行の張り紙をしたことによって店は夏でも大繁盛。「暑さで食欲が落ちる夏こそ滋養のつくうなぎを」という逆転の発想にお客さんは飛びついたのだ。

やがてそれを江戸中のうなぎ屋がマネをし、全国に広がっていき、今も続く「土用の丑にはうなぎ」という習慣が定着した。ちなみにそのうなぎ屋がどの店だったかはわかっていない……

平賀源内肖像（慶應義塾図書館所蔵資料）

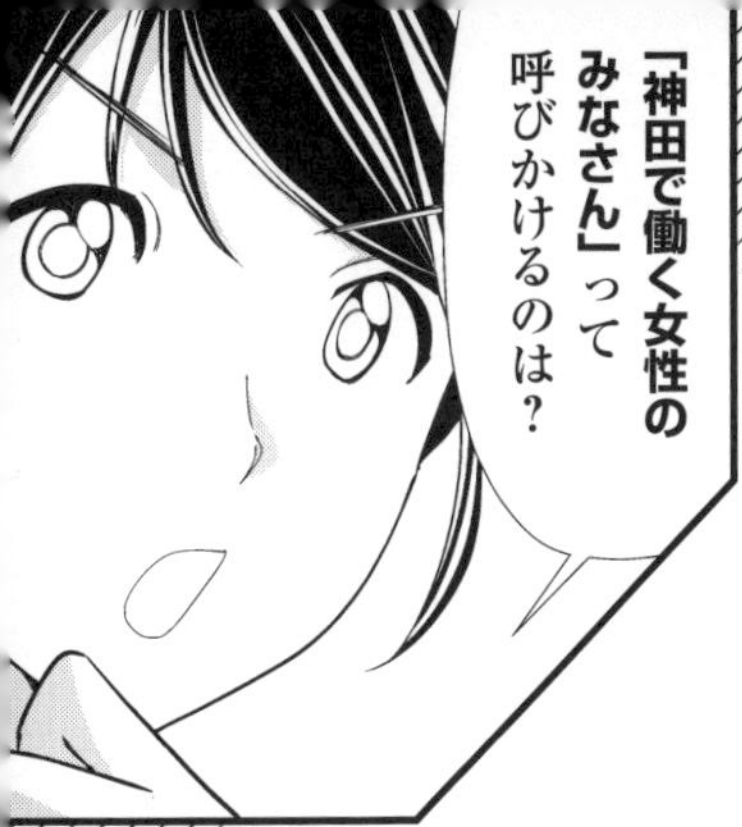

第1章 「キャッチコピー力」の基本の基本3カ条

——「伝わる」言葉の選び方

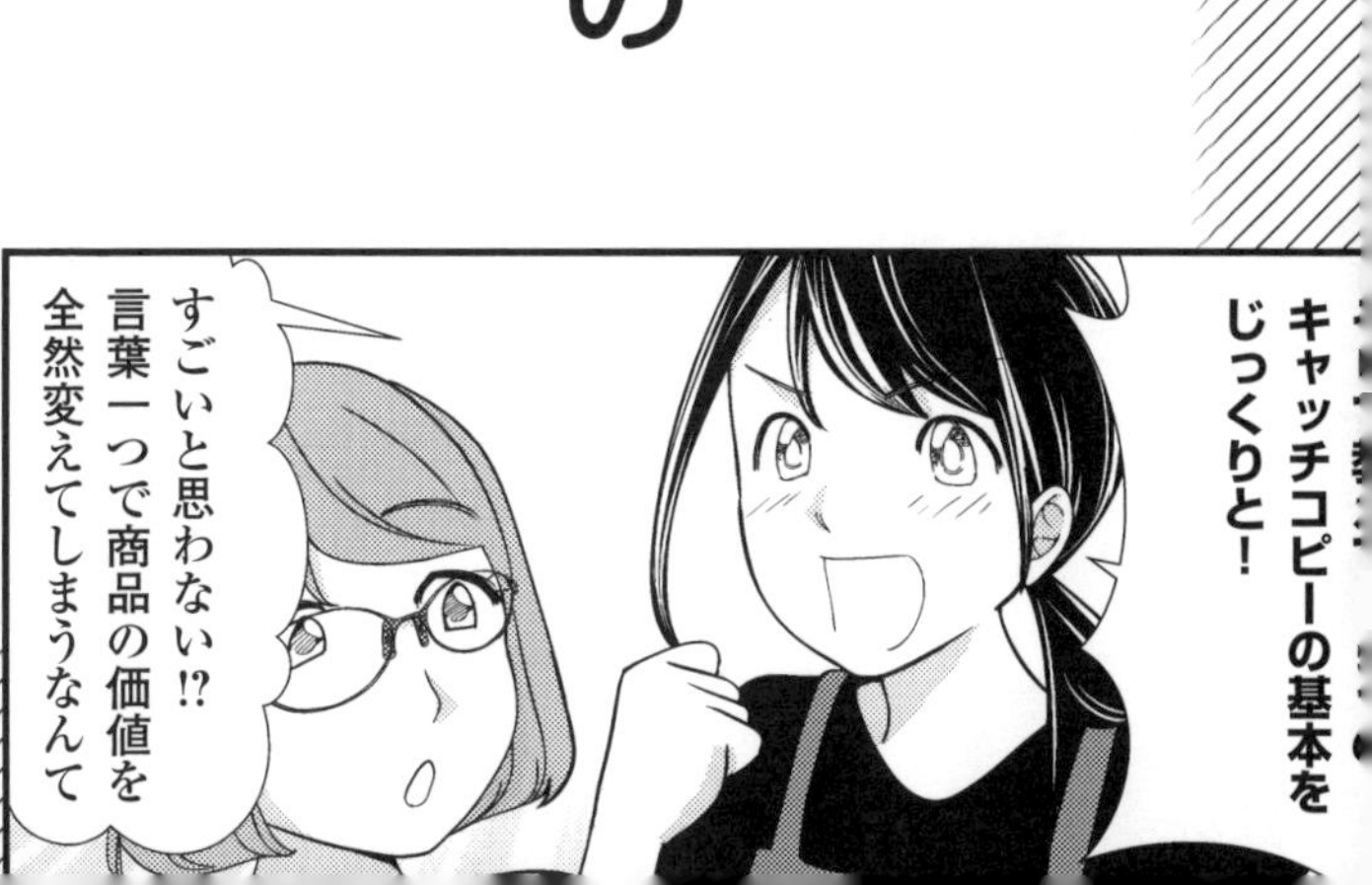

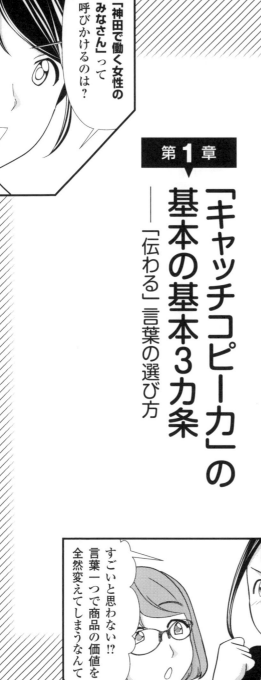

ここか…
神田屋
うなぎ
神田屋
がらん…
……

私の名前は神田結
はぁ〜
神田《かんだ》 結《ゆい》
東京下町の老舗《しにせ》のうなぎ屋に生まれ縁あって関西の大学に職員として勤めていました
昨年、父が急死し店は母と大学生の妹の2人で切り盛りすることになったのですが…
こう暇だとかえって疲れるわね
そうでしょ最近毎日暇疲れよ
パッタイ 880
ガパオライス 800
からあげ定食 700
やきそば 480
オムライス定食 680
うなぎパスタ 720
大体 何よ このメニュー
いったい何屋さんなの
お父さんどんどん増やしちゃって
私、ほとんどつくれないんだけどね
ボソッ
神田 紀子《のりこ》
舞!
あんたは何ののんきにケータイいじってんのよ

「このままだとお店がつぶれちゃう」って、泣きついてきたのはあんたでしょ！
だから立て直そうと戻ってきたのよ!?
わ、私は少しでもお店のアピールをと…
ホラ
神田　舞《まい》
『土用《どよう》の丑《うし》の日』発祥の店神田屋…
いい文章でしょ！
Outagram
kandaya
神田屋
神田屋
江戸の鬼才・平賀源内が書いた名コピー
「本日、土用の丑の日」発祥の店「神田屋」
源内愛用のこのキセルが動かぬ証拠だ！
お父さんのホラ話まだ信じてるの？
え、あの話嘘なの!?

こんな由緒がウチにあったら閑古鳥も鳴いてないわよ！
現実を見なさい！
わー
でもSNSは活用すべきよね
じゃあ、いいい？
私が今から言うキャッチコピーを書いて投稿して
「神田屋は、こだわりの料理を提供しています」
かんだやは…
はい投稿して
シュッ!
料理はこだわりが大事なのよ
そうなの〜
ガラ…

あ、来た
はやっ！
ほらね
ちょっとびっくりだわ
いらっしゃいませ！
さ、どうぞどうぞ
SNSで見かけたんだけど
ここ、平賀源内が助けた店って本当ですか？
そっち？
あ、はい！
亡くなった父がいつもそう言ってました！

……
たまごやき
たこわさ 380
板わさ 680
鉄火丼 880
コブサラダ 980
シーザーサラダ 980
生春巻き
トムヤムクン
お客さんの要望に応えたらこんなメニューの数になってしまって
うな重は？
お目が高い！うな重は看板メニューです！
うな重ひとつ！
平賀源内のキセル効果あったね
しかもイケメン!!
マグレよ！それに1人だけでしょ
もっとちゃんとしたキャッチコピーを考えないと
神棚に飾ってるキセル熱心に見てるね あの人
怪しいわね なんか

お待たせ
いたしました
イケメンが
うなぎを…
はぁう
イケメンなんて
ロクな奴がいないん
だから
私が何度…
とにかく
いい?続き
言うわよ
「神田屋は伝統あるうなぎ屋で
厳選した素材を吟味し
極上の料理を提供しています」
かんだやは
でんとう
ある
はい、
投稿して
シュッ
♪～
いいのかな
こんなので…

ふふっ
お下げしてよろしいですか？
ひょっとしてこのキャッチコピーを考えたの君？
あ、はい！
すごいね、なかなかいないよ
ここまでダメなコピーを書けるのは
ちょっと、それってどういう意味ですか!?
ごめんなさいウチのお姉ちゃんちょっと頭に血がのぼりやすくて

ごちそうさま
ほんとにおいしい
うなぎでした
うなぎはうまいが
コピーはまずい！
キャッチコピーの
基本を教えて
ほしかったら
ここまでどうぞ
スッ
コピーライター
平賀源一
HIRAGA GENICHI
東京都千代田区神田○○○
090-3594-3794
風来山人庵
FURAI SANZIN AN
そのキセルと引き換えに
教えてやってもいいよ
ピシャッ
平賀源一《ひらがげんいち》だって…

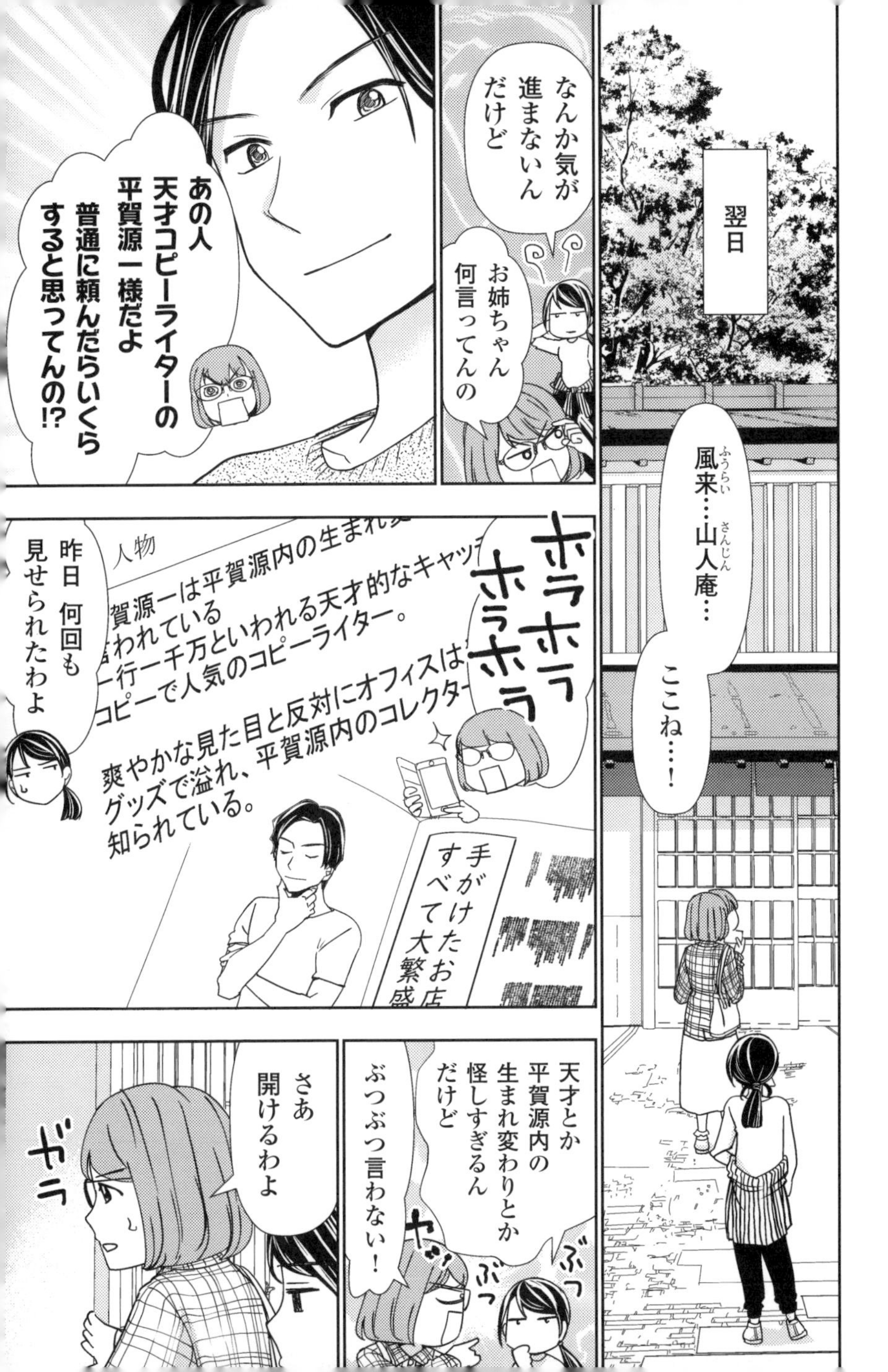
翌日
風来《ふうらい》…山人庵《さんじんあん》…
ここね…！
なんか気が進まないんだけど
お姉ちゃん何言ってんの
あの人 天才コピーライターの平賀源一様だよ
普通に頼んだらいくらすると思ってんの!?
ホラホラ
ホラホラ
人物
平賀源一は平賀源内の生まれ変
賀源一は平賀源内の生まれ変
われている
一行一千万といわれる天才的なキャッ
コピーで人気のコピーライター。
爽やかな見た目と反対にオフィスは
グッズで溢れ、平賀源内のコレクター
知られている。
手がけたお店 すべて大繁盛店
昨日 何回も見せられたわよ
天才とか平賀源内の生まれ変わりとか怪しすぎるんだけど
ぶっ
ぶっ
ぶつぶつ言わない！
ヤッ
さあ 開けるわよ
ガラ

バチッ
バチッ
バチッ
バチッ
来たな
うなぎシスターズ
バチッ
これでキャッチコピーの基本を教えてください!

考えてみるんだ
俺がなぜ君たちの店に行ったと思う？
俺は源内ゆかりの品をコレクションしている
だから舞ちゃんが書いたキャッチコピーを見てこれは自分＝受け取る側に関係のある情報だと思った
舞ちゃんって
キャ♡
いいかよく聞け
今から一番大事なことを教えるぞ
キャッチコピー力の基本中の基本であり一番大切なポイントだ
それは…

自分に関係あると思ってもらうことだ
…
…それだけ？
あいつ詐欺だよ キセルは受け取ったくせに
緑茶園

でも源一様
ヒントはくれたよ
要は情報を発信する
相手を絞りなさいって
ことじゃないかな？
確かに相手を絞れば
「自分と関係がある」
と思ってもらいやすくは
なるわよね
うなぎが好きな
みんなー？とか？
何それ
そんな
子ども番組で
呼ぶような言い方
で誰が来るの？
そもそも
このSNSって
女子率のほうが
高いよ
女子率…
じゃあ
「神田で働く女性の
みなさん」って
呼びかけるのは？
お姉ちゃん、
その絞り方
いいかも
そのあと
は…

「受け取る側の立場になれ」とも言ってたよね
神田で働く女性の立場…
明日は金曜日でしょ
働く女性は疲れる頃よね だから…
「うなぎで元気をチャージしませんか？」とかは？
あ、それいいい
じゃあサービスとしてさ～
いいね
これで投稿するよ
神田屋
kandaya
神田屋
神田で働く女性の皆さん
金曜日はうなぎで元気をチャージしませんか？
ＳＮＳを見たという方にはうな重に肝吸いを
無料サービスします
いいと思う！

翌日
神田屋
うなぎ
神田屋
そわ
そわ
ガラッ
SNSで見たんですけど
いらっしゃいませー!
来た

うな重4つ
お願いします
かしこまりました
肝吸い付きです!
うなぎ
久しぶり〜
すいません
2人〜
ガラ
パタ
パタ
こちらへ
どうぞー
ありがとう
ございました〜
おいし
かったわ

準備中
今日1日で来てくれたお客さんは…
9人!
キャーッ
すごいよ! 今まで若い女性客なんてほとんど来なかったのに!
…私
あの平賀源一のところにもう1回行ってくるわ
そして教えてもらうのキャッチコピーの基本をじっくりと!
すごいと思わない!? 言葉一つで商品の価値を全然変えてしまうなんて

今まで私
キャッチコピーのこと
誤解してた！
お母さん、私
この店立て直す！
キャッチコピーの力で
頑張るからね！
まかせて！
あ、ありがとう
でも…
お姉ちゃん
水差して
悪いけど
うちに源一様に
払うお金なんて
ないよ
あ！
忘れてた！！
そ～なのよね～
今回は魔法と思って
そんなあ！
ガラ

もう閉店ですか？
ブン
ブン
ブン
ブン
ブ

第1章

自分と関係があると思ってもらう

さて、俺、平賀源一が結と舞に教えた一番大切なこと、きちんと憶えてくれているかな？

重要だからもう一度繰り返すぞ。

「キャッチコピー力」の基本中の基本であり一番の大切なポイントだ。

人は自分と関係ないと思ったことは一瞬でスルーしてしまう。

だからまず、どうすれば、受け手に「自分と関係がある」と思ってもらえるかを考える必要があるんだ。

では何をどんなふうに書けば**「自分と関係がある」**と思ってもらえるか？

本編では「相手（ターゲット）を絞る」と「受け取る側の立場になる」について紹介した。ここではそれ以外の方法も含めた「自分と関係があると思ってもらうための基本3カ条」について語っていこう。

自分と関係があると思ってもらうための基本3カ条

① ターゲットを絞る

ターゲットとは本来「標的」という意味だ。マーケティングなどで使う場合、企業などの発信側が狙う「顧客層」のことを言う。ターゲットを絞れば絞るほど「自分と関係がある」と思ってもらいやすくなる。

たいていの人は、タイトルや見出しなどに、できるだけ多くの人に呼びかけるようなコピーを書いてしまいがちだ。しかし、それでは誰の心にも刺さらない。

ではどうすればいいか？

ターゲットを絞るんだ。

できるだけグーーーッと狭く絞る。呼びかける対象を絞れば絞るほど、その条件に合う人間は自分のことだと思って、関心を寄せてくれる。

ターゲットの絞り方で一番わかりやすいのは**「性別」「年齢」「職業」「居住地」「所属先」「所有物」「身体的特徴」**などのいわゆる**属性**。

これらで絞っていくだけでも、受け手に自分と関係があると思ってもらいやすくなる。

たとえば本編では、「神田で働く女性のみなさん」と呼びか

そんな子ども番組で呼ぶような言い方で誰が来るの？
そもそもこのSNSって女子率のほうが高いよ
女子率…じゃあ
「神田で働く女性のみなさん」って呼びかけるのは？
お姉ちゃん、その絞り方いいかも
そのあとは…

けることにした。

こうすることで、神田で働いている女性は**「自分に呼びかけられている」**と思う可能性が高くなる。さらにここでは**「絞っているようで絞っていない」**というテクニックも使われている。

なぜなら「そのSNSを使っているのは女性が多い」と舞が言っていたことを思い出してほしい。ということは、店の近くはオフィス街だから、読んでいる人の多くが「神田で働く女性」である可能性が高いからだ。

そのようにターゲットを絞ったあとは、何か行動をうながすフレーズを入れるといい。本編で、結と舞は、

「金曜日はうなぎで元気をチャージしませんか?」

という行動をうながすフレーズを入れた。

属性以外のターゲットの絞り方としては、「悩み」「価値観」「願望」「思想」等の**内面的な要素**で絞るという手法がある。

「○○で悩んでいるあなた」と呼びかけて、それを解決できる商品やサービスを紹介するんだ。

それだけで普通に紹介するよりも「自分に関係ある」と思ってもらえる可能性はグーンとあがる。

② 受け取る側の立場になる

「自分と関係がある」と思ってもらうためには、何よりそれを感じる受け手（受け取る側）の立場になって物事を考えることが重要だ。

その立場になって、受け手が心で考えている本音を推理するんだ。この受け手が考えている本音のことは、専門用語で**「インサイト」**という呼び方もするぞ。

本編で、結と舞は、神田で働く女性の立場になって「明日は金曜日だからそろそろ疲れてくる頃よね」というインサイトを思いついた。そして「金曜日はうなぎで元気をチャージしませんか？」というフレーズを生み出したんだ。

こんなふうに、つねにそのキャッチコピーを読む受け手の気持ちを想像して書くことが、「自分と関係がある」と思ってもらえる第一歩だと言える。

さらにこの「相手が心の中で思っている本音（インサイト）」をそのままフレーズにするという手もある。

たとえば、「金曜日で疲れているから何かで元気をチャージしなきゃ」というインサイトを見つけたとしたら、たとえば、次のようなその気持ちを代弁するフレーズを、ターゲットである働く女性が言っているように書く手もある。

「今週は疲れた……何か元気をチャージしなきゃ」

そしてそのあとに「うなぎでチャージしませんか？」という店側の提案を書く。最初に自分が思っていることを代弁するフレーズが出てきたことで「自分に関係ある」と思ってもらえる可能性が高まるわけだ。

③ ニュースを知らせる

人間はなぜかニュースが好きだ。

よく言えば「好奇心が強い」。悪く言えば「ただの新しいもの好き」とも言えるが、この「新しい情報を快楽だと受け取る性質」があるからこそ、人類が発展してきたとも言える。生活するだけなら、特に新しい情報や商品がなくても十分にやっていけるからな。

俺が勝手に師事している平賀源内先生は、この「新しい情報を快楽だと受け取る性質」がおそらく人の何千倍何万倍もあったんだろうな。

人間のこの性質を利用して、キャッチコピーに「何か新しい情報＝ニュース」であることがわかるようなフレーズを入れることで、「自分と関係ある」と思ってもらいやすくなる。

以下、ベタだけど、わかりやすい方法を紹介しておく。

見本は架空の新商品「うなうま丼」で考えてみたぞ。

(1)「初」「新」を入れる

「世界初」「日本初」「○○県初」「業界初」「新発見」など、ファーストワンはそれだけでニュースになりやすい。

見本

・世界初！「うなうま丼」始めました

(2)「年月日」「曜日」「時刻」などを入れる

具体的な年月日、曜日、時刻などの要素が入っているとニュースになりやすくなるぞ。

見本

・7月20日土曜、「うなうま丼」デビュー

(3)「ついに」「とうとう」「いよいよ」「待ちに待った」などの言葉を入れる

このような言葉が入ることで多くの人が待ち望んでいたイメージになって、ニュース性を感じやすくなるんだ。

見本

・今年もいよいよ解禁！　待ちに待った「うなうま丼」発売開始

(4)「あの」「話題」「注目」「期待の」「〇〇で紹介された」などの言葉を入れる

このような言葉があると、多くの人が注目しているというイメージが生まれ、ニュース性を感じやすくなるんだ。

見本

・ニュースで話題沸騰！　あの「うなうま丼」あります

(5)「発表」「公開」「宣言」「告白」「速報」などの言葉を入れる。

このような言葉があると、何か新しいことが発表されるというイメージがあるので、ニュース性を感じやすくなるぞ。

見本

・速報！　今年の「うなうま丼」の発売開始日が決まりました

(6)「特別に」「今なら」「これで最後」などの言葉を入れる。

このような言葉が入っていると、「今だけ」「ここだけ」というニュース性が高くなる。通販番組などではこの手法がよく使われているな。

見本

・今だけ！　今年最後の「うなうま丼」発売中！

さて、以上のような言葉を入れると、タイトルや見出しにニュース性が生まれることをわかってもらえたかな？

ただ、今の世の中、特にネットには、このようなニュース性を取り入れたキャッチコピーが氾濫《はんらん》していて、多くの人は不感症気味になっている傾向があるのも事実だ。あまりに中身とかけ離れてニュース性を訴求するのは、長い目で考えると得策ではない場合もあるので注意すべし。

読み手に「自分に関係あると思ってもらう」ことはすべての基本だから絶対に忘れないように
果たして神田屋は立て直せるのか！

う
神田屋

第2章 キャッチコピーは「型」から始まる

──「型」を知れば百戦危うからず

うなぎ
神田屋
ごちそうさまでした
ばん
本当にコピーの書き方教えてもらえるんですか
ああいいよ
ただし条件が3つある
ごく…
条件…？

イチ
神田屋をうなぎ専門店に戻すこと
関サバ 780
たまごやき 180
たこわさ 380
板わさ 680
カツ丼 480
鉄火丼 880
コブサラダ 980
シーザーサラダ 980
焼売
春巻
生春巻
それは私たちも思ってたから ねえ
そうね
ニ
いつでも俺様にうな重をタダで食べさせること
はい
意外にせこい？
そしてサン
それは…
それは…⁉

サン
それは明日までに
神田屋の
キャッチコピーを
100個　考えて
くること
舞
ふー一っ
プシュ
いくつ
書けた？
30
ドサッ
あとはお姉ちゃん
にまかせた

そうだ、神田屋へ行こう
そうだ、うなぎ食べよう
そうだ、うなー うなー
うななー うなうななー
うなってマンボ
うー
そうよね
舞は就活も大変だもんね
つかれたよー
エントリーシートも
書かなきゃだしー
とにかく100案書けばいいんでしょ
やってやるわよ
バラッ
かぜひくよー
風来山人庵

98 神田屋はすごく厳選した
うなぎを使用してい
99 神田屋はめっちゃすごく
厳選なうなぎを使用しています
100 神田屋はめっちゃめちゃ
ものすごく厳選したうな
を使用してい
なにこれ
まあ 確かに
ぱたん
とにかく100個は書いたから
ほんと大変だったんだから！
3つの条件クリアしたから教えてください
まず君たちがやるべきことはキャッチコピーの型を覚えることだ
型？
料理だってそうだろう 焼く、ゆでる、蒸す 煮る、炒める、揚げる など基本の型を 知らないと できる料理は 限られてくる
なるほど

スー
君たちが100案書くのに苦労したのはこの型を知らなかったからだ
まずは基本中の基本の2つの型から教えるぞ
はい
フーッ
それは…
「言い切る」と「考えさせる」だ
ヤッ

神田屋
うなぎ
神田屋
今度は この2つの型を使って 神田屋のキャッチコピーを書いてみろ
う〜ん…
いろんな言い切り方があるのね…
「言い切る」型の分類
① 短く言い切る
② 予言して言い切る
③ 脅して言い切る
④ 命令して言い切る
⑤ 宣言して言い切る
まずは「短く言い切る」から考えよう
「言葉は圧縮すればするほど強くなる」…
だって
短く圧縮か… うなぎ、うなぎ、うき… とかそういうことじゃなく…
「言い切る」型の分類
①短く言い切る
②予言して言い切る

パタ
パタ
「うなぎ、焼いてます」
ガタッ
…ってそのまますぎ？
いいんじゃない
なんかうなぎの匂いが漂ってくる感じがする
シズル感があるっていうの？
キュッ
うなぎ焼いてます

「自分と関係あると思ってもらうにはベネフィットを入れるとよい」…
ベネフィット
＝利得
うなぎを食べて得ることができるハッピーって何？おいしいってこと？
得とは違くない？もっと栄養面とかでいうと…
あ！うなぎってコラーゲンもビタミンAも豊富だし
美肌！
それだ！
うなぎは
お肌に良
……
でもストレートに言っちゃっていいのかな
だったらこの「宣言して言い切る」を使うのは？
「言い切る」型の分類
①短く言い切る
②予言して言い切る
して言い切る
宣言！「私はうなぎで美肌になる」とか
それいい

「自分たちが弱点だと思ってることも強引に言い切るとプラスになる可能性がある」
うなぎの一番の弱点って何？
ヌルヌルする
いや、お客さんから見て
焼くのに時間がかかって待たされる
確かに
これを強引に言い切ってプラスに……？
う〜ん う〜ん
プス プス
「待ってる時間もごちそうです」とか
すごいじゃん舞！

待ってる時間もごちそう
じゃあ次は「考えさせる」
「考えさせる」型の分類
① 問いかける
② 親身に語りかける
③ 二者択一をせまる
④ 好奇心をくすぐる
⑤ 希少性を強調する
なるほど……
よし、今度は2人で別々に考えよう
うん！
なんか楽しくなってきた
私たち才能あるんじゃない

30分後——
っ…疲れた…
あなたもうなぎ美人目指しませんか?
うなぎは美味いのか
何回うなぎを食べられるだろう
頭痛い…
ガラ
お、やってるやってる

うん、ちょっとは
いいのもあるな
ほんと？
うなぎ焼いてます
これをのぼりにして
店の前に置く
そしてこれ
最近、うまいうなぎ食べました？
チラシにして近所に
ポスティングする
私はうなぎで美肌になる
これはSNS用
こういうのは
店内のメニューの横に
貼っておく
あなたは蒲焼き派？白焼き派？
限定20食
神田屋名物
うなぎの肝焼き
いいかな？
はい！

投稿するよ
うん～！
Outagram
kandaya
神田屋
私はうなぎで美肌になる
チラシもらってください～
一週間後――
うなぎ白焼き
1280円
う…
800円
うな重
うな重上
1800円
うな重特上
0円
蒲焼き派
白焼き派
限定20食
神田屋名物
うなぎの肝焼き
神田屋
さあ、新生神田屋のスタートよ
ガラ
うなぎ焼いてます
シャー
神田屋～
うなうな
ぎー！
円陣…？
うなぎ焼いてま

ガラッ
お姉ちゃん
お母さん
大変！
ズラッ…

チラシ見たんですけど
限定20食
神田屋名物
うなぎの肝焼き
最近うまいうなぎたべました?
お肌にいいとか知らなかった〜
カシャ
すごいねキャッチコピー
ひそっ
うん
うーん
限定20食
神田屋名物
の肝焼き

第2章

「言い切る」と「考えさせる」

再び、平賀源一だ。結と舞は、キャッチコピーを100案考えるのに苦労してたよな。あれは**「型」**を知らなかったからだ。

キャッチコピーの「型」を覚えるということは、料理でいうと調理法の基本を知るのと同じ。逆にこの型を知っていれば、数を出すことはたやすくなり、そこから本当に効果がありそうなものを選ぶことができる。

ここでは基本中の基本の型「言い切る」と「考えさせる」について、よりくわしく解説していくぞ。

ではまず**「言い切る」**から始めよう。

受け手の心に刺さる言葉を考えるとき、「言い切る」

まず君たちがやるべきことはキャッチコピーの型を覚えることだ
型?
料理だってそうだろう
焼く、ゆでる、蒸す煮る、炒める、揚げるなど基本の型を知らないとできる料理は限られてくる
なるほど

ことはとても重要。断言することで強いフレーズになるからだ。もちろん、言い切ることは発信側にとってはリスクをともなう。そのリスクをおって投げる球だからこそ、受け手に伝わるスピードが上がるんだ。

細かく分けていくといくらでも分けられるのだが、まずは本編でも紹介した5つの型をマスターしてしまおう。順番に説明しよう。

いろんな言い切り方があるのね…

「言い切る」型の分類

① 短く言い切る
② 予言して言い切る
③ 脅して言い切る
④ 命令して言い切る
⑤ 宣言して言い切る

① 短く言い切る

言いたい要素を圧縮して短く言い切る。それだけで、受け手に刺さる言葉になり、記憶にも残る。

テレビCMでおなじみの「結果にコミットする」（ライザップ）、「バイトするならタウンワーク」（リクルート）などは、短く言い切ったことで力のあるフレーズになっている。

本編ではこの手法を使って**「うなぎ、焼いてます」**というコピーを考えた。

舞はこのコピーを**「シズル感がある」**と表現した。

「シズル」とは何か？　もともとはステーキが焼けるときに「ジュージュー」と音を立てる意味の英語（sizzle）から来た言葉だ。そこからその食品を食べたくなるようなビジュアルなどのことをさすようになった。たとえば、ステーキなら焼きたての油が飛び散るような感じであり、ラーメンから湯気が立ちのぼる様子や、餃子から肉汁があふれだすような様子のことだ。

うなぎの場合、シズルはなんといっても焼くときに立ちのぼってくる「におい」だろう。「うなぎ、焼いてます」と短く言い切ったことで、においの記憶を脳に伝えることができるのだ。ビジュアル、音、におい、食感、手触り……要はシズルは理屈ではなく五感を刺激するポイントだ。

「うなぎ、焼いてます」の元ネタは、居酒屋などの「のぼり」によく書かれている「ビール、冷えてます」だろう。こちらも、冷たいビールの喉ごしを連想させるシズルのある言葉だ。広告業界などでは、さらに転じて、食品以外においてもその商品の一番の魅力やセールスポイントなどの意味で使われることも多い。

②予言して言い切る

どんな人であろうと、確実な未来を予測できる人はいない。だからこそ未来の出来事や様子をリスクを負って予言して言い切ると、「確かにそうかも」と勝手に納得してくれることがある。

占いの需要があるのは、不確かな未来を断言してくれるからだ。人間は、**他人に自信を持って断言されると、つい信じてしまうという習性がある**のだ。

見本

・うなぎを食べれば、明日も元気に頑張れる

③脅して言い切る

人間は脅されると、反発する。しかし一方でそれが気になることも事実だ。そんな心理を利用して、「脅して言い切る」という手法がある。

健康、コンプレックス、お金、災害、老後、経済など、多くの人間が不安に思っている事柄であれば効果が高い。

ただし、いくら効果が高いと言っても、脅かすという手法はあまり品のいい方

法とは言えない。必要がないときに、むやみにこの方法を使うのはやめよう。

見本
・10年後、うなぎの蒲焼はもう食べられない

④命令して言い切る

命令をされると、人は反発を覚えるのが一般的だ。一方で、命令されることに喜びを感じる心理もある。競争が激しくスルーされる確率が高い商品などの場合は、あえて命令形にして人の心を刺激するという方法もある。

見本
・元気のない日は、うなぎを食べろ

⑤宣言して言い切る

たとえ他人の宣言であっても、人はなぜか気になる。そこにニュース性と力強さを感じるからだ。

結と舞は、この手法を使って**「私はうなぎで美肌になる」**というキャッチコピ

ーを考えた。これはなかなか巧妙なコピーだ。「うなぎで美肌に」というようなコピーでは、エビデンス（根拠）が必要になるが、「私がなる」という宣言だけだから許される場合があるからだ。

ほかにも、結と舞は**「待ってる時間もごちそうです」**というキャッチコピーを考えた。これは少し上級編だ。

一般的に商品やサービスの「弱点」「短所」と思われていることを強引にプラスに言い切ることで、それが「強み」「長所」に変わることがある。普通であれば「待っている時間」は退屈で「短所」だが、「その時間もごちそう」だと強引に言い切ることで、お客さんの価値観を変えることができるのだ。

次に「考えさせる」についてだ。

① 問いかける

人間には、**何か問いかけられると「自然と答えを探してしまう」という習性**がある。その習性を利用して、問いかける型でキャッチコピーを提示すると、受け手はその内容を勝手に考えてくれる。中でも簡単に答えが見つけられなかったり、深く考えてしまったりするような本質的な問いかけをするのはとても有効だ。

見本

・神田屋のうなぎはなぜうまいのか？
・最近、うまいうなぎ　食べました？

②親身に語りかける

「はい」「そうそう」「確かに」「なんでわかるの？」「ありがとう」などと、思わず肯定的な気持ちで答えてしまうような**「親身な問いかけ」**をされると、人はその問いかけをしてきた相手に心を許しやすくなる。

このテクニックは、**セールスレター**、**店舗の看板**、**ECサイトのキャッチコピー**などを書くときにも有効だぞ。

見本

・頑張ったご褒美に、うなぎ食べていきませんか？

「考えさせる」型の分類
① 問いかける
② 親身に語りかける
③ 二者択一をせまる
④ 好奇心をくすぐる
⑤ 希少性を強調する

③ 二者択一をせまる

受け手は、何かを**二者択一でせまられると、そのどちらかを選ばなければならないような気持ちになってしまう**ものだ。さらにちょっとズルい方法だが、受け手に選ばせたいほうの選択肢を魅力的に見せることにすれば、自分が選んでほしいほうが選ばれる確率は上がる。

ただし、政治家などからこの二者択一をせまられたときには、ほかに選択肢がないのかを冷静に判断できるリテラシーを持つことも重要だぞ。

見本

・あなたは蒲焼き派？　白焼き派？

④ 好奇心をくすぐる

人間は情報を隠されると、その内容に好奇心をくすぐられ、「答えを知りたい」「試してみたい」と思うものだ。また、自分が常識と思っていることと逆のことを言われると、「なんでだろう？」と好奇心がくすぐられて真相を知りたくなる。

見本

・神田屋のうなぎの秘密は○○○にあった！
・夏にうなぎは食べるな！

⑤ 希少性を強調する

人間は**「希少性」**にとても弱い動物だ。「なかなか手に入りにくい」とわかると、どうしてもそれがほしくなってしまうのだ。限定は「数量」だけに限らない。「時間」を限定されることでも「希少性」は演出できる。

見本

・限定20食　神田屋名物うなぎの肝焼き
・水曜ランチ限定　うな肝丼、はじめました

「言い切る」と
「考えさせる」の型の基本、
わかってもらえたかな？
第3章では、神田屋にあの
有名人がやってくるぞ！

第3章

正しく・わかりやすく・おもしろく伝える

――キャッチコピー百花繚乱!!

プルルルル
はい
神田屋です
ガチャ
…ええ
…ええっ!?
ザワ
ザワ
ザワ
今日はなんと
テレビ番組の取材が入り
有名な
グルメリポーターが
神田屋にやってきます

今からヒデ彦さんが入りますのでお母さんに対応していただいて
ははあ
ヒデ彦さんはキャッチコピー力が抜群だから勉強になるぞ
はい 源一先生
お母さん大丈夫かな？
ガラッ
こんばんは
グルメリポーター ヒデ彦
今日はうなぎの老舗「神田屋」さんに来てますよぉ～

い いらっしゃいませ
緊張しなくていいわよ
ウナギは食べてもお母さんは食べないから
早速 出た対句法だ
対句法？
同じようなフレーズを重ねることでリズムや語呂が良くなる
なるほど
お母さん緊張しすぎ

こちらのお店の特徴を教えてくださる？
は はい
えー うちのうな重は えーと なんだっけ…
えーと とにかく おいしいです
とにかく うまいのね わかるわよ～
ウン ウン
でも焼くのに ちょっと時間が かかります
かかるのよね 時間
そんなの 言わなくて いいのに
で お値段は？
ちょっと 高いかしら
あ～～

ということは
神田屋さんの特徴は
うまい
遅い
ちょっと高い
…ということね
そ そうです
いいわ～
正直で
でたー！
3つ重ねる
3つ重ねる？

うまい 遅い ちょっと高い
単語を3つ重ねると リズムが生まれ 語呂がよくなる
うまい 遅い ちょっと高い
だから記憶に残りやすくなる これは世界共通の原則だ
なるほど！
さらに 最後のフレーズが 予想を裏切る ワードだと 印象が強くなる
確かに マイナスだと 思ったことが プラスになってるかも
本格派って かんじ
そうね…
がんばって
あらー おいしそー

パキッ
うーん いい匂い
ペロッ
このタレ まろやかなのに パンチがあるわねえ
でた
対義結合!
「まろやか」と「パンチがある」のように
本来であれば矛盾する意味の言葉をくっつけると化学反応が生まれてインパクトのある表現になるんだ
シンプルに + 難しい
甘くない + ケーキ
なるほど
カキ カキ
舞's メモ

神田屋さんは創業250年なんですってね
秘伝のタレってやっかしら!?
秘伝っていい響き…
そうよ、お父さんの代から受け継いだレシピだもんね
秘伝っていうか毎朝私がテキトーに継ぎ足してるだけなんですけど
ブチッ
おもしろいわお母さん
ちょっとお母さん
秘伝のタレでいいじゃない！

はっ
あら
こちらの勇ましい
お嬢さんは？
娘の結です
ほんと 頭に血が
のぼりやすくて
誰に
似たのか
か――っ
あら結ちゃん
いいキャラね
どうして
いきなり登場？
あう
ジー
あ いや
せっかくヒデ彦さんに
秘伝って言ってもらって
るんだから
秘伝でいいかなと
うそ、大げさ、
まぎらわしい、
はダメよ
いや そういう
意味じゃ……

じゃあ結ちゃんも
ここにいて
うな重
いただきま～す
えっ
ぱく…
もぐ…
ウナギ、タレ、
ご飯のハーモニー
が絶妙～
私の口の中で
ウナギ弦楽三重奏
が鳴りひびくぅ～

でた——！
ヒデ彦さん得意の比喩表現
うな重を構成する3つの要素を弦楽三重奏で表現するとは！
まるでヴァイオリンヴィオラ、チェロの音色が聞こえてくるようだ

コト
おいしかった
予想をはるかにウナギるおいしさで
私のテンションもウナギのぼり
今度はダジャレ法
ダジャレだからとバカにしちゃいけない
語呂がよくなり記憶に残りやすくなる
じゃあ最後にみんなで歌いましょ
え、歌!?
いくわよせーの

♪うなぎ お～いし この店～
本歌取り
童謡「ふるさと」の ♪うさぎおいしかのやま という有名な歌詞を 置き換えることで 印象が強くなる
♪忘れがたき 神田屋～
うーん
うなうま～！
なんか みんなノリノリ
今度は造語という テクニック
うなぎとうまい を合わせて うなうま！
これは 新しい！

ありがとうございました
いいロケだったわね
ヒデ彦さん あの！
ヒデ彦さんみたいにキャッチコピー力をつけるにはどうしたらいいんですか？
面白いな と思った誰かの表現はノートに書き写して分析する
それを別の表現にできないか考える
その繰り返しよ今でも
…今でも
がんばってね
はい！

あんなので
よかったかしら
源ちゃんの頼みなら
何でも聞くから
いつでも言ってね
ガラッ
パタ
さ 番組が
オンエアされたら
忙しくなるぞ
覚悟しとけよ
はい!
まって
源一先生

私　先生に
告白してもいいですか？
えなに
そういう
展開!?
実は私
ずっと…

第3章

語呂をよくする　比喩力をつける　造語をつくる

みたび、平賀源一だ。舞が俺に告白!?　続きも気になるが、その前にグルメレポーターのヒデ彦さんが残してくれた数多くのキャッチコピーのテクニックを復習しておこう。

大きく分けると**「語呂をよくする」「言葉の化学反応（対義結合）」「比喩で表現する」「造語をつくる」**というテクニックだ。

まずは「語呂をよくする」から見ていこう。

ここでは「対句法」「3つ重ねる」「ダジャレ」「本歌取り」を紹介するぞ。

①　対句法

「対句」とは、並べられた2つのフレーズが、

形や意味上で対応するようにつくられた表現形式をいう。リズムがよくなることに加えて、お互いのフレーズを際立たせ、引き立てることで印象深いものになることが多いぞ。

たとえば、次の慣用句はすべて対句になっている。

見本

・沈黙は金　雄弁は銀　・聞いて極楽、見て地獄　・前門の狼　後門の虎
・帯に短し、たすきに長し　・注意一秒、怪我一生

それぞれの言葉が絶妙に「対」になっていることがわかるかな？
映画の名セリフやスピーチなどにも、この対句法が使われていることが多い。

見本

・事件は会議室で起きてるんじゃない。現場で起きてるんだ。（映画「踊る大走査線」青島刑事のセリフ）
・私（前田敦子）のことは嫌いでも、ＡＫＢのことは嫌いにならないでください。（第3回ＡＫＢ48選抜総選挙での前田敦子さんのスピーチ）

どちらも長いフレーズだが、覚えやすいのは、対句になっていることで語呂やリズムがよくなっているからだ。

ヒデ彦さんが語ったフレーズ**「ウナギは食べてもお母さんは食べないから」**もまさにこの対句法を使っている。だから印象深いフレーズになるんだ。

② 3つ重ねる

何かの単語が3つ並べられると、テンポや語呂がよくなり心に刺さるので、記憶に残りやすくなる。これは日本語だけでなく世界共通の法則だ。

たとえば、以下の3つの有名なフレーズもこの法則にのっとっている。

見本

・うまい　やすい　はやい（吉野屋のキャッチコピー）
・清く　正しく　美しく（宝塚歌劇団のモットー）
・友情　努力　勝利（少年ジャンプの編集方針）

ヒデ彦さんが語ったフレーズ**「うまい　遅い　ちょっと高い」**は、吉野屋のフレーズの**本歌取り**（後述）ながら、最後に予想を裏切るフレーズが入ることで印象が強くなっている。

２０１８年にヒットした映画「カメラを止めるな！」で、主人公の映画監督役のモットーは**「やすい　はやい　質はそこそこ」**だった。これも同じ原理と言えるだろう。

③ダジャレ

「ダジャレ」と聞くと、おやじギャグ的なネガティブな評価を受けることが多いが、見出しやキャッチフレーズにうまくはまると、大きなパワーを発揮するぞ。

見本

- でっかいどお。北海道。（全日空　北海道キャンペーン）
- おぉきぃなぁワッ。（全日空　沖縄キャンペーン）
- ホンダ買うボーイ。（ホンダCR-V）
- ボーヤハント。（日本ビクター）・イマ人を刺激する。（TDK）
- ネクタイ労働は甘くない。（伊勢丹）

以上の例は、コピーライター眞木準《まきじゅん》さんの有名なキャッチコピーだ。

もちろんこれらはただのダジャレではなく、商品のイメージが広がる名コピーであることは言うまでもない。

ヒデ彦さんが語ったフレーズ**「予想をはるかにウナギるおいしさで、私のテンションもウナギのぼり」**もそう。「ウナギる」は「裏切る」と「うなぎ」をかけたダジャレ。うしろの「ウナギのぼり」という慣用句と合わさって、リズムもよく覚えやすいフレーズになっている。

ただしダジャレは一歩間違えると、寒くなることも。注意すべし。

④本歌取り

「本歌取り」とは、本来は有名な古歌（本歌）の一部を取り入れる和歌の手法のこと。そこから転じて、キャッチコピーにおいては有名なタイトルやフレーズをもじって（誰にでもわかるような形で）、新たなキャッチコピーをつくることを言うぞ。元ネタがあることで、伝わるスピードが格段に速くなるんだ。

たとえば、沖縄に社員旅行があって、君がその「旅のしおり」のタイトルを考えなければならないとしよう。普通に「旅のしおり」というタイトルではおもしろくない。そんなとき、この本歌取りの手法を使ってみよう。

見本

- 「そうだ　沖縄、行こう」（「そうだ　京都、行こう」が元ネタ）
- 「社員旅行は準備が9割」（「人は見た目が9割」等が元ネタ）
- 「見せてもらおうか君の準備力とやらを」（ガンダムのセリフが元ネタ）

なんとなく、少し楽しそうな「旅のしおり」になった気がしないだろうか？

ヒデ彦さんが歌いだした「♪うなぎ、お〜いしこの店〜」という歌は、童謡ふるさとの「♪うさぎ　おいし　かのやま」という有名な歌詞を置き換えたものだ。

ただし、楽曲の場合は著作権が問題になることもあるから要注意だ。童謡「ふるさと」は歌詞・曲ともに、著作権が消滅しているので使えたが。

⑤ 対義結合

次は **「言葉の化学反応（対義結合）」** を見ていこう。

それぞれは平凡な言葉でも、普段組み合わされない言葉同士を掛け合わせると化学反応を起こして、意外性のある強いフレーズになることがある。中でも、お互い反対の意味であったり矛盾したりするような言葉を結びつけて化学反応を起こす修辞技法のことは専門用語で「対義結合（オクシモロン）」と呼ぶぞ。

たとえば次のような慣用句がそうだ。

見本

・うれしい悲鳴　・負けるが勝ち　・急がば回れ
・公然の秘密　・ゆっくり急げ

テレビCMなどのキャッチコピーでもよく使われるぞ。

見本

・こども店長（トヨタ）　・駅前留学（NOVA）
・このろくでもない、すばらしき世界。（サントリーボス）

ヒデ彦さんが語った「このタレ。まろやかなのにパンチがあるわねぇ」も、「まろやか」と「パンチがある」が対義結合になっている。

⑥ 比喩表現

続いて「比喩表現」を見ていこう。

ヒデ彦さんは神田屋のうな重を左上の比喩で表現した。

比喩とは、「たとえ」のことで、ある物事をほかの物事を借りて表現することを言う。もちろん、2つの物事の間に何かの類似がなければ比喩にはならない。その距離が近すぎるとわざわざ比喩にする意味がない。しかし、遠すぎても意味がわからなくなる場合もある。ほどよい距離でピタっと決まると、読み手の心に刺さり、忘れられない、拡散しやすいフレーズになる。

前述したヒデ彦さんの比喩は、かなり遠い比喩ではあるが、ある種のエンターテインメントな表現としては成立していると言えるだろう。

比喩は細かく分けると、いろいろな分類方法があるが、日常的に使うテクニックとしては**「直喩（明喩）」**と**「隠喩（メタファー）」**の2種類だけ覚えておけば十分だ。ごくごく簡単に説明すると「直喩」は、〝比喩であることがわかるように示している比喩〟のことを言う。具体的には「○○のような」「○○みたいな」「○○のごとく」などといったフレーズがつくのが直喩だ。

それに対して〝比喩であると示さないで用いる〟のが「隠喩（メタファー）」だ。直喩に比べてスピード感があり、ストレートに読み手の心に届くので心に刺さりやすくなるが、たとえがわかりづらかったり、見逃されたりすることもある。

ヒデ彦さんが使ったのは「隠喩」だが、キャッチコピー力という観点からは、「直喩」と「隠喩」の区別を厳密に考える必要はない。

最後に**「造語」**について簡単にふれておこう。

ヒデ彦さんは神田屋の「うなぎ」と「うまい」を合わせて次のような造語をつくった。

「造語」とは、新しくつくられた単語のこと。今まで名前がなかった世の中の現象や抽象概念に新たな名前をつけると、長々と説明せずにひと言で表現できる。また、うまくはまれば、社会的に広く認知されていくこともある。

ここでは造語のつくり方の基本である3つの型を紹介しておくぞ。

① 短縮型造語

言葉を縮めることで別のニュアンスが出て流通しやすくなり、造語として定着することもよくある。

今ではすっかり定着した次のような言葉も、もともとは短縮型の造語だ。

見本

・イケメン（いけてるメンズ）・メタボ（メタボリックシンドローム）
・ドタキャン（土壇場キャンセル）・セクハラ（セクシャルハラスメント）

・アラサー（アラウンドサーティー）・リストラ（リストラクチャリング）
・パソコン（パーソナルコンピューター）・合コン（合同コンパ）
・ガラケー（ガラパゴス化した日本の携帯電話）

頭文字をとった省略形の造語もあるぞ。

見本
・JK（女子高生）・KY（空気よめない）
・関関同立（関西大学　関西学院大学　同志社大学　立命館大学）
・MARCH（明治大学　青山学院大学　立教大学　中央大学　法政大学）

ヒデ彦さんの「うなうま」は、まさにこの短縮型の造語だ。

②組み合わせ型造語

言葉を足し算したり掛け算したり、組み合わせることで新しい造語をつくるテクニックだ。次のようなすでにひとつの単語として定着している言葉も、もともとはこのテクニックでつくられた造語なんだ。

見本

・クール・ビズ（cool＋businessの短縮形BIZの組み合わせ）
・マイブーム（「my（私の）」と「boom（流行）」を組み合わせた和製英語）
・ブラック企業（劣悪な環境をあらわす「ブラック」と企業の組み合わせ）
・ディスる（英語で否定形にする接頭語disに動詞化の接尾辞「る」を組み合わせ）
・ドヤ顔（関西弁の「どや！」と「顔」の組み合わせ）
・脂ギッシュ（「脂ぎる」と「エネルギッシュ」の組み合わせ）

③柳の下のどじょう型造語（造語から造語）

オリジナルの造語をつくろうと思っても、新しい造語を思いつくのは難しい。しかし、流行の造語から別の造語をつくる手法は比較的やさしい。流行した造語の二番煎じ三番煎じにもかかわらず、ヒットする言葉も少なくない。二匹目のどじょうを狙う際に重要なのは、音の響きがもとの造語に近いことだ。

次の造語はまさにこの型でつくられたものだ。

見本

- アラフォー　アラフィフ、アラカン（アラサーから派生）
- イクメン　イケダン（イケメンから派生）
- 婚活　終活　朝活　妊活　保活など（就活から派生）
- パワハラ　マタハラ　アカハラ　スメハラなど（セクハラから派生）

このようなキャッチコピー力を身につけるには、ヒデ彦さんが言っていたように地道な努力からしかない。まずは言葉に注目して、日頃からメモをとることから始めよう。

就活におけるキャッチコピーは
自分という素材に興味を持ってもらうきっかけにすべし

第4章

「自分」に興味を持ってもらう

――「キャッチコピー力」で人生を切り開く!!

つまり 私を主役にするんじゃなくて相手の会社を主役にすればいいのよ

私源一先生に告白してもいいですか？
……
実は私
ずっと…
ドキドキドキドキ
就活がうまくいかなくて
!?
今度の会社が本命なんです
私自身のキャッチコピーを教えてください！

ホッ
そういうこと…
いつも面接にすらたどりつけなくて
・志望動機
御社の理念に共感し、商品をグローバルに広めることに興味があります。
・自己PR
協調性があり、粘り強い性格をしています。
・あなたのキャッチコピーは?
協調性に加えて、粘り強さは納豆級。
エントリーシート
これは …すごい
ここまで就活あるあるありきたりダメフレーズを並べるのは… すごい
ズーン

採用担当はものすごい数の自己PRを見ている
リーダーシップがある
スルメのようにかめばかむほど
潤滑油になります
縁の下の力持ち
納豆のように粘り強い
協調性がある
こんなアピールには心底飽き飽きしているんだ
いいかよく聞け
今から就活で一番大切なことを教えるぞ
どんな項目にもどんな質問に対しても対応できる魔法の考え方だ
それは…
それは…!?

自分に関係あると思ってもらうことだ!
ばぁん
それって…
キャッチコピーの大原則と同じじゃ…
いいか? 自分を八百屋に並んでいるジャガイモだと思え
ジャ ジャガイモ…
イモでーす
私はイモです!
いくらジャガイモが自分をアピールしても相手がジャガイモの料理をつくる気がなかったらどうだ?
ここにイモがいますよー
天ぷらつくるからナスを
ほしいとは思わない…

そんなとき
ジャガイモは
何を訴えれば
いい？
そんなときは…
「一緒に肉ジャガも
つくりませんか？」
「ポテトグラタン
おいしいですよ」
とか…？
イモの天ぷらもおいしいですよ
フライドポテトになります
ん？
その通り
就活も同じだ
ええ？
ちょっと意味が
よくわからない
んですけど…
イモの話ばっかり
つまり…
相手に
私という素材を使って
料理をしたい気分に
させるという
ことですよね？
その通り
さすが
舞ちゃん

就活における
キャッチコピーは
自分という素材に
興味を持ってもらう
きっかけにすべし
…ということだ
で 結局どんな
キャッチコピーを
使えばいいの?
それは…
舞ちゃんが
自分で
考えるんだ
そんな
無責任な!

結局
具体的なことは
いつも教えて
くれないんだよね
平賀源一
という男は
お姉ちゃん
私 わかった
え？
つまり 私を主役に
するんじゃなくて
相手の会社を主役に
すればいいのよ
パリ
極
どういう
こと？
かぜ
ぺくょ
まあ
見てて
神様…！
えいっ！
いらっしゃいませー！
エントリー
ポチッ
エントリーシート
マンガ

一次合格
員面接のご案内
えっ 次は役員面接!?
駒込製菓
駒込製菓
神田
うなぎ
がんばってねえええ
もみ もみ
しっかり精つけて

神田舞さんですね
えー あなたにキャッチコピーをつけるとしたら…
見た目は地味だがカンダらうマイ神田舞
これは名前とかけたダジャレ？
結局「私はスルメみたいな人間です」ってこと？
さっきもいたよねありがちかな
はい
でも これは私のことだけではありません
御社も同じです

え？
はっきり言って
御社の商品も
見た目が地味です
ざわっ
そんな…
……
それは
どういう意味
かな？
私は 小さいころから
御社の「極堅ポテト」が
大好きでした
噛めば噛むほどに
うまさがにじみでる
こっちのおかしの
方が
かわいいのに
わたし
これがいいの
極堅
芋10個分の
ポテトです
極堅ポテト
駒込製菓
でも せっかくいい商品
なのに 世の中にそれが
十分に伝わっていません

「極堅ポテト」だけじゃなく「芋太郎」も「米次郎」も
私は御社の商品がぜーんぶ大好きです
芋太郎
芋1本分
駒込製菓
米次郎
米一合分
しかし多くの人にそのよさが知られていないのが悔しくて悔しくて
よく知ってるな…!
米次郎はたしかもう生産してない…
先日 改めていろいろな売り場を見て回りましたが御社の商品はとにかく地味です
大抵すみっこにあるな…
極堅ポテ
これからはもっと
「見た目もうまそで食べてもうまい」じゃなきゃいけないと思うんです

私は 御社に入って 世の中に 御社の商品の よさを伝えたい
日本だけでなく 世界にも
そのためには 「デザイン」も 重要ですが
まずは 「キャッチコピー力」 だと思うんです
キャッチ コピー力…

私は今 実家の店を
手伝うことで
「キャッチコピー力」を身に
つけようとしています
有名なコピーライターの
先生から「言葉が変われば
商品の価値も大きく変わる」
ということを教えて
もらっています
ご実家は…
江戸時代から
ある 老舗の
うなぎ屋さん？
はい
平賀源内が
「本日、土用の丑の日」の
キャッチコピーを
書いてくれた店です
平賀源内って
あのエレキテルの？
本当にその
うなぎ屋さん
なの？
ザワッ

父がそう話してただけで 本当かどうかはわかりません
でも これだけは確かです
「本日 土用の丑の日」というキャッチコピーはスゴイということです
土用の丑の日
冬が旬で 夏には誰も食べようとしなかったうなぎを
言葉ひとつで日本中の人が夏でも食べたくなるように変えた
ジーン
ジーン
土用の丑の日
鰻
つまり「地味なうなぎをうまそうに変えた」のです
御社の商品にもそんな言葉が必要だと思うんです

もちろん私も同じです
私も見た目や言葉をもっと磨く必要がある
「見た目は地味だがカンダらうマイ」から
「見た目もいいし仕事もできる神田舞」にならなきゃいけない
そのための努力は惜しみません
そして その場が御社であればとてもうれしいです
はっ

ガタッ
…採用の結果に関しては 人事から改めて連絡させていただきますので
これはあくまで個人的な感想ですが…
これからの当社には神田舞さんのような人が必要なのかもしれませんね
ゴホン
社長…そこまで言っちゃダメです
地味な当社を私の代で変えたいと思います
もしご縁があればぜひ お力を貸してください

第4章

自己アピールの基本

よたび、平賀源一だ。第4章は舞の就職活動を追いながら、**「自己アピール」**の基本と、「自分自身のキャッチコピーのつけ方」について紹介してきた。

君が大学生でなくても、自分に関係ないと思わないでほしい。「自己アピール」がヘタだと一生損をする。「自己アピール」がうまいと得をする。「自己アピール」は会社員でもフリーランスでも、働く限り一生ついてくる重要な問題だ。

だが、多くの人間は「自己アピール」という言葉をはき違えている。

「自分はこれだけできます。だから仕事をください」というようなアピールをやりすぎるヤツは、ウザいだけだ。本当に優れたアピールは、自分の能力がどれだけ優れているかを語るのではなく、**自分がどれだけ相手や会社や社会の役に立てるかを語るもの**。つまり、相手を主役にして**自分がどれだけ貢献できるかを語るもの**だ。

そうすることで、相手に**「自分に関係ある」**と思ってもらいやすくなる。勘のいい舞は、俺の「自分をジャガイモだと思え」という比喩からそれに気づいた。

アピールは「自分を認めてほしい！」というエゴを最小限に抑えるのがポイントだ。アピールの目的は、**あなたが相手にとって必要な人物であり、相手が求める能力を持っているということを知ってもらうこと**だ。

次の「自己アピールの基本」を踏まえた上で、自分にどんなキャッチコピーをつければいいかを考えよう。

まず、あなたの中の材料をピックアップしよう。それが次の6つの要素だ。

・心……キャラクター
・体……顔　身体的特徴
・住……出身地　居住地
・技……特技　必殺技
・名……名前　ニックネーム
・志……想い　目標　理想像

相手に
私という素材を使って
料理をしたい気分に
させるという
ことですよね？

この中から、どのように相手が自分という素材に興味を持ちそうなことを入れ込むか？　言うまでもないが、そこから話が広がりそうな題材を選ぶ必要がある。

　こうして選んだ題材を、「対句法」「3つ重ねる」「ダジャレ」などの語呂をよくする方法や「言葉の化学反応（対義結合）」などを使ってキャッチコピー化しよう。

見た目は地味だが
カンダらうマイ
神田舞
これは
名前とかけた
ダジャレ？
結局
「私はスルメ
みたいな人間です」
ってこと？

　舞は、「名前」と「キャラ」を題材にして、「対句法」と「ダジャレ」を使って「見た目は地味だが、カンダらうマイ神田舞」というキャッチコピーを考えた。

　ま、すばらしいキャッチコピーとはいえないが、そこはツッコまれることを承知の上で、相手を主役にしたアピールにつなげるという意味では成功した。

　こんなにふうに相手が興味を持つ題材を入れ込むと、自然に「自分と関係ある」と思ってもらえる。

第5章
「物語」で心を動かす
――「ストーリー」の黄金律

もうすぐ土用の丑の日
神田屋
神田屋
ガラ
うなぎ
神田屋
1年で一番のかき入れ時がやってきます
忙しくなるね
休み返上するしかないか
ちょ…
ちょっと待ってください!
そんな値段うちにはとても無理です
——ところが神田屋に
大ピンチが…!

うなぎ大幅値上げ!?
はー
卸業者さんから……
そんな値段じゃ売れば売るほど大赤字じゃない
かといってこれ以上値上げは無理だし
どうしたらいい？
こういうときこそキャッチコピー力よ
ということはやっぱりアイツに相談するしか
ガラ…

来た――!
!?
なるほどね
そもそもなんで土用の丑の日にお客さんが集中するわけ?
それは…
源一様ゆかりの平賀源内様のキャッチコピーのおかげです
そうよね
ということはあんたにも責任があるってことでしょ?
それはちょっと強引じゃ

どうすればいいか教えてください！
…ごちそうさまでした
カタ…
そこまで言われちゃこの平賀源一黙ってはいられない
このピンチを脱出するヒントを授けよう
それは…
それは…

物を売るな
物語を売れ！
ばばん
え？
？
？
物って何？
商品ってことでしょ
商品を売らなかったら何を売ればいいのよ
だから物語を売るんでしょ
だから物語って結局なんなのよ？
私に言われても…
お風呂入ってくるね
もうこんな時間！
そそくさ
あっ舞!?

ウゥ…
物語か……！
ウェブ
うなぎの不漁
うなぎトピックス
うなぎは絶滅の危機
不漁の危機
はっ
日本うなぎ、絶滅の危機
うなぎ、歴史的不漁
カタ
カタ
ここまで深刻なのね
土用の丑が
うなぎの首を
しめる

土用の丑が
うなぎの首を
しめる…!?
あ…
待って
これは…!
そうだ
…!!

ガラッ
わかった！
わあっ！
ちょっとお姉ちゃん何？
土用の丑をリニューアルするの
え？
もし平賀源内が生きてたらきっとそうすると思う！
閉めてってよー
だッ

しょり
しょり
しょり
お父さん
ゴメンネ
でもこれが
今は最良の
方法だと思うの

土用の丑は
うなぎを食べない
カタ
カタ
カタ
カタ
カタ
カタ
カタ
神田屋はこの夏

神田屋は この夏
うなぎを売りません!
ゴメンナサイ!
神田屋は この夏
うなぎを売らない
ことに決めました
神田屋
うなぎ
神田屋
土用の丑の日をはじめ
夏はうなぎ屋にとって
かき入れ時です
江戸時代から続く
うなぎ専門店としては
苦渋の決断ですが……
きっかけは
うなぎの価格高騰です
とてもうちが
仕入れることの
できる金額では
なくなってしまいました

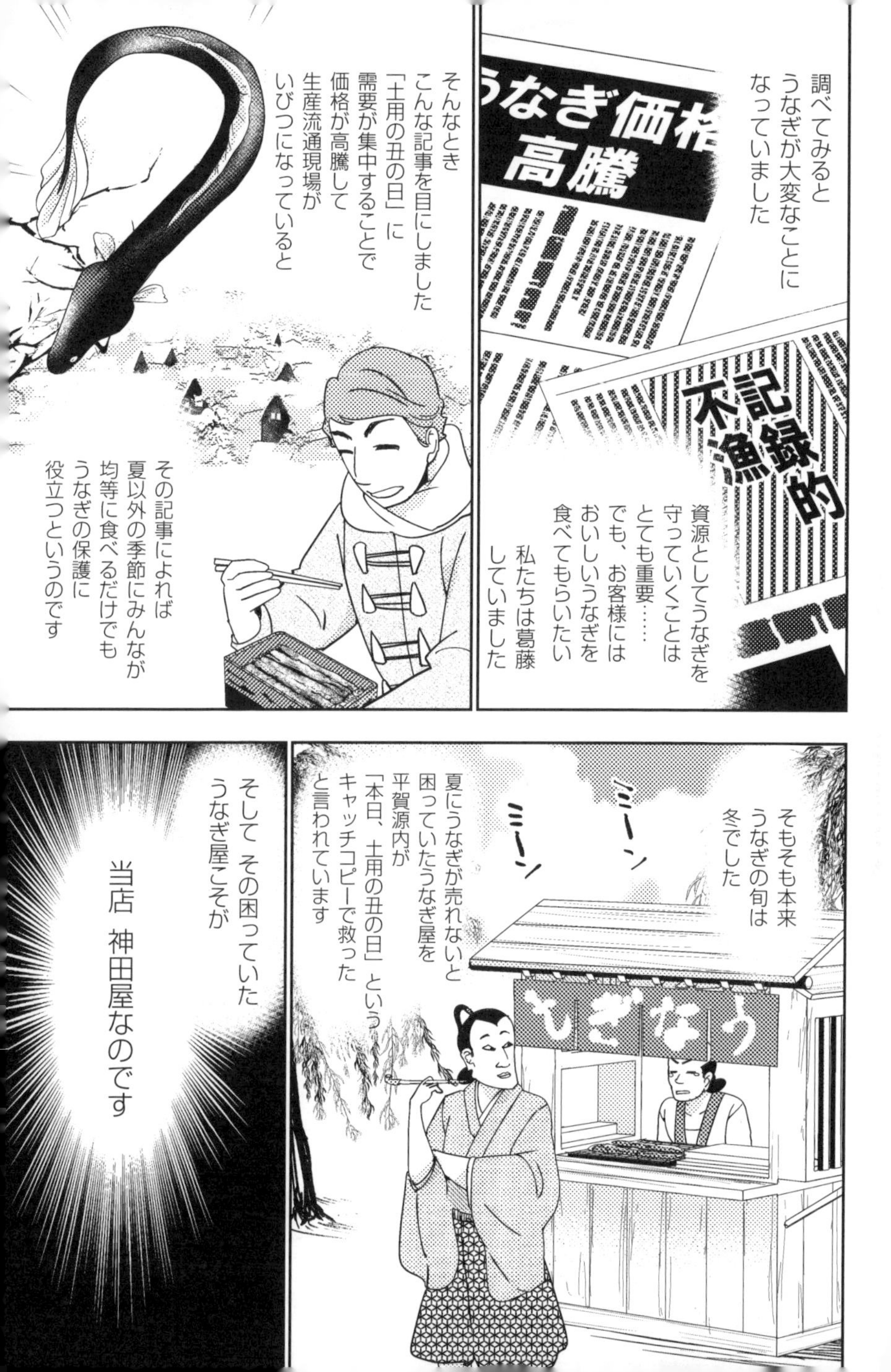
調べてみると
うなぎが大変なことに
なっていました
うなぎ価格
高騰
不漁
記録的
資源としてうなぎを
守っていくことは
とても重要……
でも、お客様には
おいしいうなぎを
食べてもらいたい
私たちは葛藤
していました
そんなとき
こんな記事を目にしました
「土用の丑の日」に
需要が集中することで
価格が高騰して
生産流通現場が
いびつになっていると
その記事によれば
夏以外の季節にみんなが
均等に食べるだけでも
うなぎの保護に
役立つというのです
そもそも本来
うなぎの旬は
冬でした
ミーン
ミーン
夏にうなぎが売れないと
困っていたうなぎ屋を
平賀源内が
「本日、土用の丑の日」という
キャッチコピーで救った
と言われています
そして その困っていた
うなぎ屋こそが
当店 神田屋なのです

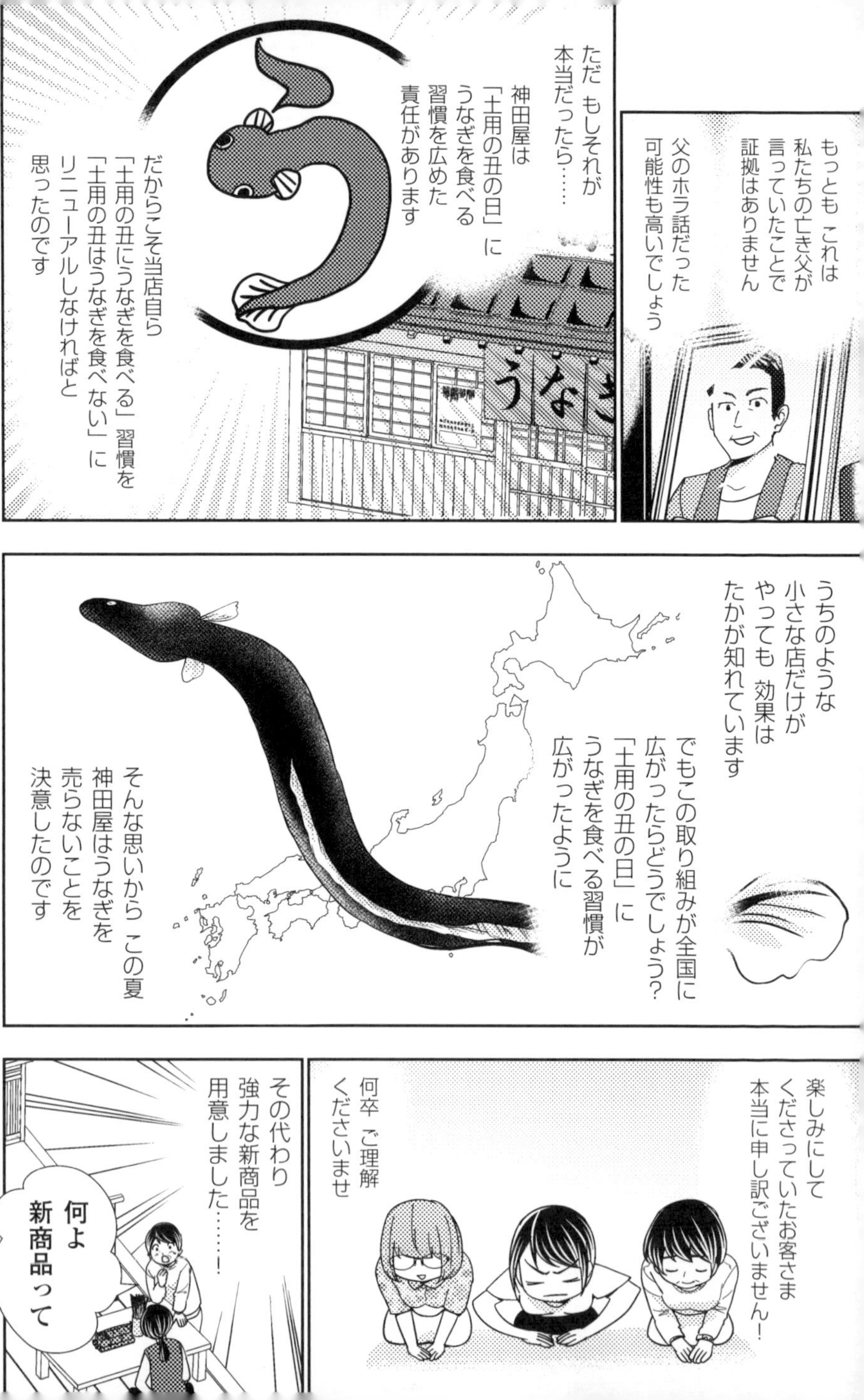
もっとも これは私たちの亡き父が言っていたことで証拠はありません
父のホラ話だった可能性も高いでしょう
ただ もしそれが本当だったら……
神田屋は「土用の丑の日」にうなぎを食べる習慣を広めた責任があります
うなぎ
だからこそ当店自ら「土用の丑にうなぎを食べる」習慣を「土用の丑はうなぎを食べない」にリニューアルしなければと思ったのです
うちのような小さな店だけがやっても 効果はたかが知れています
でもこの取り組みが全国に広がったらどうでしょう?「土用の丑の日」にうなぎを食べる習慣が広がったように
そんな思いから この夏神田屋はうなぎを売らないことを決意したのです
楽しみにしてくださっていたお客さま本当に申し訳ございません!
何卒 ご理解くださいませ
その代わり強力な新商品を用意しました……!
何よ新商品って

なまずよ
なまず!?
私がいた大学で なまずを うなぎの味にする 研究をしている 教授がいたの
昨日 それを 思い出して 連絡してみたら 卸してくれるって
新商品、それは……「うなぎ味のなまず」です!
味はうなぎそのものではありませんが こちらのほうがおいしいと言う人もいます
栄養価でもひけをとりません!
暑い夏は「なまずの蒲焼き」で乗り切りましょう

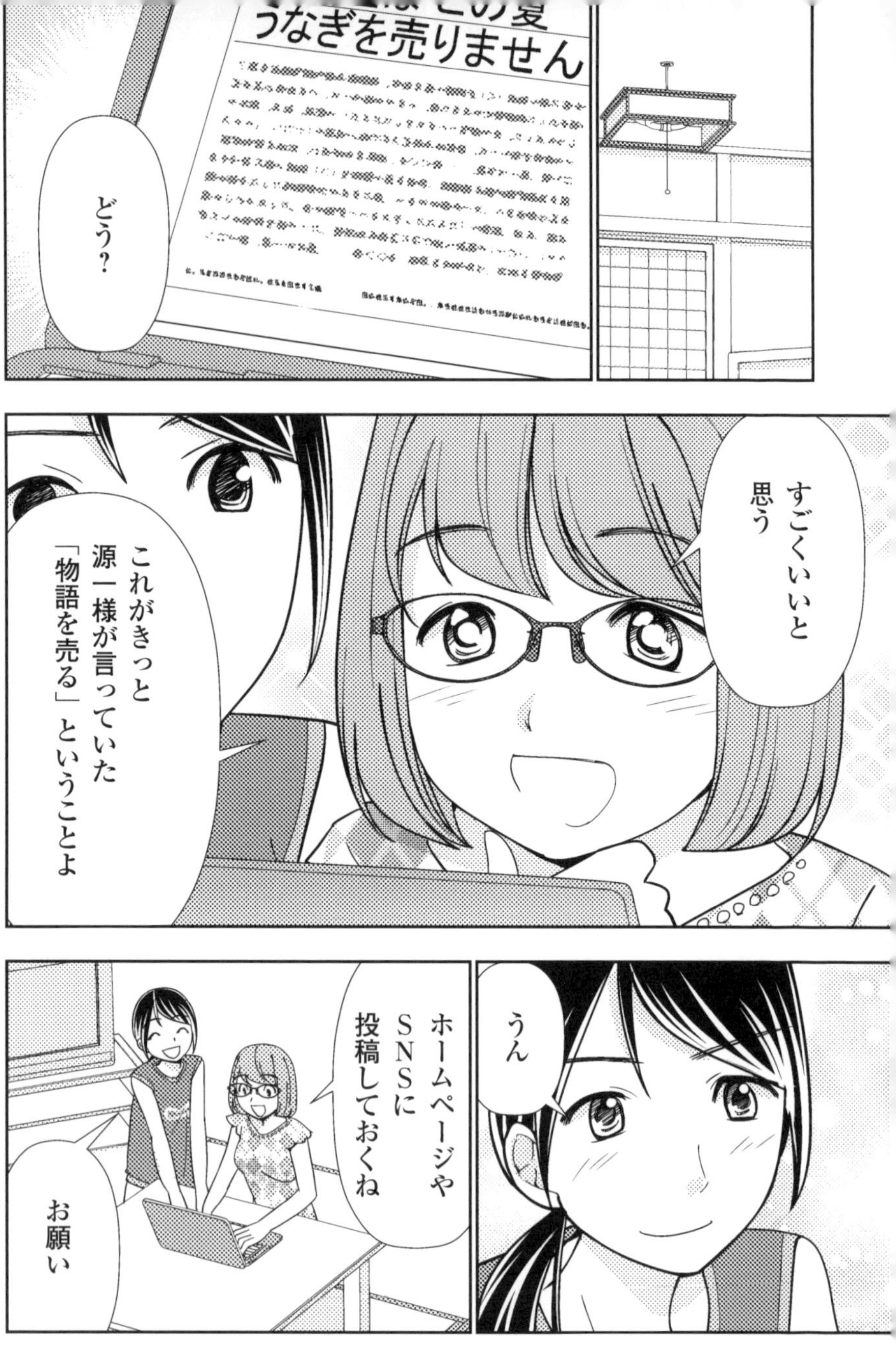
うなぎを売りません
どう？
すごくいいと思う
これがきっと源一様が言っていた「物語を売る」ということよ
うん
ホームページやSNSに投稿しておくね
お願い

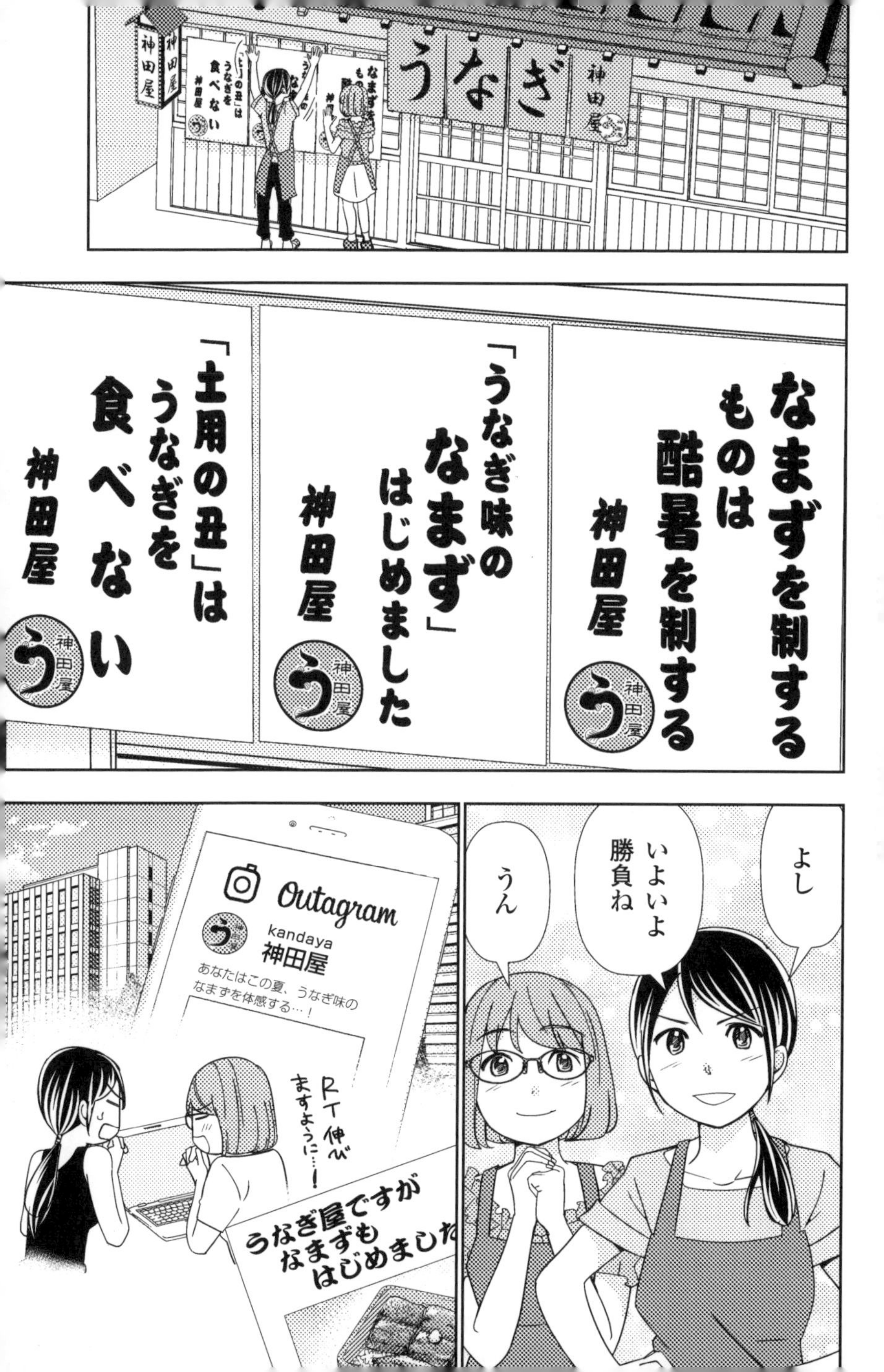

神田屋
うなぎ
神田屋
なまずを制する ものは 酷暑を制する
神田屋
「うなぎ味の なまず」 はじめました
神田屋
「土用の丑」は うなぎを 食べ ない
神田屋
よし
いよいよ 勝負ね
うん
Outagram
kandaya
神田屋
あなたはこの夏、うなぎ味の なまずを体感する…！
RT伸び ますように…！
うなぎ屋ですが なまずも はじめました

ガヤ
ガヤ
なまずの蒲焼きまだ？
ザワ
ザワ
お待たせしてすいません
もう少しお待ちください
お待たせしましたー
テレビの取材ですか？
すみません、今、手が離せませんので夜8時以降にかけ直していただけますか？

神田
ガヤ
源一様の出番は終わったかな
ちょっとお願いがあるんだけどいいかな？
私ですか？
これを…

こんなにうまくいったのにぜんぜん店に来ないなんて！
お忙しいのよ源一様
ちょっとー！
さっさと食べに来なさいよ
ガラッ
ふふ
……
ガラン
あれっ!?

引っ越したの!?
アイツいつの間に!?
キョロ
キョロ
そんな…源一様!?
あの！すいませんここに住んでた平賀源一さんは!?
は？
ここはこの数年ずっと空き家のままだが…
そんなバカな…
ダッ
お姉ちゃんなんで!?
いくら検索しても源一様のプロフィールが全然出てこないの！
えっ!?

どういう
ことよ……
どういうこと
なのかしら
ねー
おかえり
ねえ
ちょっと
これがいつの間にか
神棚にあったわよ
先生にあげたんじゃ
なかったの？
和紙に包まれて
えっ
これ……
キャッチコピーを
教えてもらうのと
引き換えに あいつに
渡したキセル！
お母さん
その紙 見せて！
ガサ

うなぎ美味し
神田屋
平賀源内
楽しかったぜ！
平賀源…… 内!?
源内!?
これって…
まさか、源一様が平賀源内ってこと？

神田屋
うなぎ
ガヤ
ガヤ
——結局
平賀源一が誰だったのかわかりません
「このせんべい最硬級……」
老舗の新戦略「神田屋」
神田屋
384 投稿
12.1万 フォロワー
メッセージ
極堅せんべい
芋10個分のせんべいです
試作品
プレゼン
キャッチコピー
舞は、土用の丑の日が広まった責任を感じて平賀源内がタイムスリップしてきたんだと主張しています

そんなこと ある
わけないけど…
こちらのお席へどうぞ
あるわけ
ないけど……
どうなん
でしょう
神田屋
Fin

第5章

物を売るな、物語を売れ！

みんな、俺、平賀源一に聞きたいことがまだあるかな？

「結局、平賀源一は何者なんだ。もしかしたらタイムスリップしてきた平賀源内なのか」って？　それは読んでくれたそれぞれの人が想像してくれたまえ。


さて、この章では、神田屋が最大のピンチを迎える。

それを乗り切ったのは**「ストーリーの力」**だ。

人類は「ストーリー（物語）」によって心を動かされる生き物。太古の昔からストーリーを語り継いできた。それは人種に関係なく共通だ。世界には自分たちの文字を持たない民族は多数いるけど、先祖から伝わる物語を持たない民族は一つもない。なぜなら、ストーリーには人の感情を動かし、記憶に残りやすくする力があるからだ。だから語り継がれてきたんだ。

コピーライティングにおいても、読み手がストーリーを感じるようなものにすれば、その内容に引き込ませることが可能だ。書き手にとってはすなわち、**自分の意図するところを達成できる可能性が高くなる**ということだ。

では、どうすれば「ストーリー」を感じてもらえるようになるだろう？

そのヒントは、世の中に流布しているさまざまな**「物語」**にある。

共通するものはなんだろう？　それは**「人」という「主人公」がいること**だ。

逆に、「人という主人公」がいないと「物語」にはならないとも言える。

すなわち「商品」ではなく、その商品を扱う「人」を主人公にすることで「物を売らずに物語を売る」ことができる。ここでの「人」は、「店」や「会社」にもできる。その場合はできる限り、「店」や「会社」を擬人化し、「意志」を感じられるような語り口にする必要がある。

ストーリーで語ることのメリットには次のようなものがあるぞ。

① 興味を持ってもらえる

読み手に興味を持ってもらえる確率が上がる。

②感情移入してもらえる

人がプラスされることで、読み手はその人に感情移入する。そうすることで、好きになったり、商品を買ってくれたりする確率が上がる。

③記憶に残る

「ストーリー」で感情を動かせれば、記憶に残りやすく、誰かに話したくなる。

④失敗・マイナスを語ることができる

失敗を語ることができるのも「ストーリー」の特徴。普通に失敗を語るのはマイナスだが、ストーリーとともにだと「失敗」や「挫折」が多いほうが読み手により共感してもらえる。

神田屋の場合もそうだ。みんながうなぎを楽しみにしている「土用の丑」の日に商品がないというのは、普通であれば最大のマイナスだ。

そこを、あえて「土用の丑はうなぎを食べない」「神田屋はこの夏うなぎを売りません」という強い意志の言葉で宣言したことによって「ストーリー」が生まれ、その想いに共感してくれる人が大勢生まれたというわけだ。

さらに、**「ストーリーの黄金律」**を取り入れると強力になる。ストーリーの黄金律とは、「人類共通の感動のツボ」このことで、具体的には次の3つの要素が入っていると、人はその主人公に共感したり応援したくなったりしてしまうという法則だ。

ストーリーの黄金律

①何かが欠落した、もしくは欠落させられた主人公が
②遠く険しい目標に向かって
③いろいろな障害や葛藤、また敵対するものに立ち向かっていく

この法則は、ハリウッド映画、エンターテインメント系小説、スポーツものの漫画など、多くのストーリーで採用されている。

テレビでよく見るような人物や企業の「ドキュメンタリー」も、多くはこの「黄金律」に沿ってつくられているぞ。

神田屋のストーリーもよく読めば、次のように「黄金律」に則ったものだということがわかるだろう。

①うなぎが仕入れられなくなったうなぎ屋が
②「土用の丑にうなぎを食べない」習慣を全国に広げるという目標に向かって
③夏のかき入れ時にうなぎを売らずに営業していく

ただし、「ストーリーの黄金律」は非常に強力なので、取り扱い注意だ。もしそのストーリーに嘘や偽りがあったら、大きくマイナスに振れてしまう。くれぐれも使い方には注意するように。

特別付録

平賀源一　直伝!

今すぐ使える エレキテ流 キャッチコピー テクニック

マンガと解説、楽しんでもらえたかな？
実は今まで紹介したもの以外にも
使えるテクニックはまだまだあるんだ。
ここでは、マンガや解説の中では触れられなかったけど、
「今すぐ使えるエレキテ流のテクニック」を紹介しよう。
エレキテ流とは何かって？
エレキテルのごとく、まるで「電気が走るような衝撃」を
与えうるという意味だ。
さらにそのテクニックを使った「見本」を
示しておいたから参考にするように。
特に今回は、うなぎのタレが
代々受け継がれるように、
コピーライティングの世界で
語り継がれてきた伝説の
名キャッチコピーも紹介しているぞ。

01 具体的な数字を入れる

「数字が物語る」という言葉があるように、**キャッチコピーに数字が入っているとドラマが生まれる。**それが具体的で根拠のある数字であれば説得力が増すぞ。

見本

・本格ドリップコーヒーが1杯19円（ブルックス）
・1億使っても、まだ2億（ドリームジャンボ宝くじ）
・玄関開けたら、2分でご飯（サトウ食品）

一般的に、信憑性《しんぴょう》を高めたいときには「1杯19円」のようにできるだけ細かな数字を。インパクトを与えたいときにはできるだけキリがよい数字にするほうが印象的になる。「2分でご飯」のようにかかる時間（効果の割に短い時間）を訴求するのも効果的だ。

02 数字でリズムを生みだす

同じ数字を使う場合でも、その数字の根拠やインパクトを求めるのではなく、

コピーにリズムを生みだし、語呂をよくするために使うというテクニックもぜひ覚えておいてほしい。以下の見本は、いずれも昭和の時代に一世を風靡《ふうび》した有名なキャッチコピーだ。

見本

・クシャミ3回　ルル3錠！（三共）
・カステラ一番　電話は二番　三時のおやつは文明堂（文明堂）
・君のひとみは10000ボルト（資生堂）

それぞれの数字にはとりたてて根拠はないのだが（ルル3錠は1回の服用量）、リズムや語呂がいいので記憶に残りやすいのがわかるだろう。

03 列挙する

「3つ並べる」（↓P70）の類似テクニックだが、**いろいろな言葉を列挙することでリズム感が生まれ、人の心に残りやすくなる**ぞ。

見本

- 人民の、人民による、人民のための政治　Goverment of the people, by the people, for the people.（リンカーンのゲティスバーグ演説）
- 求む男子。至難の旅。僅かな報酬、極寒、暗黒の長い日々、絶えざる危険——生還の保証無し。成功の暁には名誉と賞賛を得る。（ロンドンの新聞に掲載された南極探検隊募集の広告）

リンカーンの有名な演説は、繰り返す「人民の」の力強さが聴衆の心に強く残ったのは間違いない。20世紀初頭、世界初の南極点到達を目指したシャクルトンがだした求人広告は、ネガティブな言葉の列挙にもかかわらず応募者が殺到した。

04 五七調、七五調にする

五七調、七五調は、和歌や俳句などで使われていることから、日本人の耳になじみやすく、交通標語などでよく使われている（「飛び出すな、車は急にはとまれない」「手をあげて横断歩道をわたろうよ」など）。

もちろんキャッチコピーとして使っても、覚えやすいものになるぞ。

見本

・タンスにゴン。臭わないのが新しい（大日本除虫菊）
・本を売るなら　ブックオフ（ブックオフ）
・同情するなら金をくれ（ドラマ「家なき子」のセリフ）

いずれもシンプルだが、五語や七語のフレーズをベースにすることで（字余りもあり）、**リズムが生まれ耳に残りやすくなる**ことがわかるだろう。

05 韻を踏む

韻には文頭の音を合わせる**「頭韻」**と文末の音を合わせる**「脚韻」**があるが、とりわけ**「脚韻」を踏むとリズムが生まれやすくなる。**

見本

・バザールでござーる（NEC）
・インテル、入ってる（インテル）
・セブンイレブン、いい気分（セブン‐イレブン）

どうだろう？　一度聞いたら忘れないキャッチコピーになっていることがわかるだろう？（と韻を踏んでみた）。音の繰り返しで（最後のセブン - イレブンは3回！）リズム感が生まれ、記憶に残りやすくなるからだ。ラップと同じ原理だ。

06 擬人化する

擬人化とは、「人以外のもの」を「人」のようにたとえる手法のことを言う。「空が泣く」「花が笑う」といった表現がまさに「擬人化」だ。キャッチコピーに使っても、うまくはまれば、とても印象深いフレーズになるぞ。

見本

- **こんにちは土曜日くん。**（伊勢丹）
- **おしりだって洗ってほしい**（東陶機器）
- **牛乳に相談だ。**（中央酪農会議）

それぞれ、曜日、体の部位、飲み物を擬人化していることがわかるかな。
この擬人化のテクニックは、**商品名などのネーミングにも威力を発揮する**ぞ。

「ガリガリ君」「なっちゃん」「ケイコとマナブ」などがすぐに思い浮かぶ。

07 有名人・専門家・権威の力を借りる

さて、ここからは少し「ずるい」テクニックを見ていこう。人は、**有名人・専門家・権威などに弱い。**これらの力を利用して、商品を少しでもよく見せようとするのは、古典的な手法だが今でも効く手法だ。

見本

- モンドセレクション最高金賞受賞
- ハーバード流○○術
- 東大・京大で一番読まれた本

人は、モンドセレクションの実態をよく知らなくてもなんとなくすごい賞なのかと思ってしまったり、ハーバードやスタンフォードといったアメリカの有名大学の名前がついた本をつい買ってしまったりするものだ。3つめの見本のように、権威とランキングをダブルで利用するという手もある。

08 常識の逆を言う

人は**自分が思っていることの逆を言われると、「なぜなんだろう」という疑問がわきあがる**。要は、興味をもちやすくなるということだ。この手法は本のタイトルにもよく使われていて、ベストセラーになっているものもある（『医者に殺されない47の心得』『英語は絶対、勉強するな！』など）。もちろんキャッチコピーとして使っても、効果があるぞ。

見本

- **諸君。学校出たら、勉強しよう**（日本経済新聞）
- **ヒンシュクはカネを出してでも買え!!**（幻冬舎文庫）

本来、「学校でするべき勉強」を「学校出たらしよう」と言ったり、普通は絶対買いたくない「ヒンシュク」を「カネを出してでも買え」と言ったり、常識と逆を言うことでインパクトのあるフレーズになっている。

09 情報を隠す

人は**情報を隠されると、それを知りたくなってしまう性質がある。**

たとえばテレビのクイズ番組で、答えを発表する前にＣＭが入る演出も、この隠すテクニックと同じだ。

ネットニュースのタイトルや新聞のテレビ欄にもこのテクニックは多用されている。「あの大女優が離婚危機の噂!?」といったようなものがそれだ。

実際、その情報を知ってしまうとたいしたことはなくても、隠されることで知りたい気持ちになってしまうんだ。

次は女性誌の『CanCam』の表紙に書かれてあったキャッチコピーだ。

見本

・私、○○したら、急にモテるようになりました…♡

おそらくたいしたことは書かれていないだろうとわかっていても、伏せ字にして表現することで答えを知りたくなってしまう！

10 方言や昔の言葉を使う

日本語で文章を書く場合、いわゆる標準語であることが一般的だ。そこに**方言などの話し言葉を使ったり、「昔風＝時代を感じさせる言葉」を使ったりすると、インパクトを高めることができる。**

見本

・ただよし、野菜をとらにゃあ、だちかんぞ（カゴメ）
・ジャズやるべ（映画「スウィングガールズ」）
・労働は、イヤでおじゃる（サントリー）

冒頭の野菜ジュースのＣＭコピーは、田舎の農家のお母さんが都会の息子に方言で語りかけるシリーズで、当時かなり話題になった。２つめは上野樹里さん主演の「スウィングガールズ」のコピー。これが「ジャズやろう」だったら、まったくおもしろくない。３つめの見本のように、「おじゃる」「ござる」などのような昔風の言葉を使うだけで、味が出ておもしろいコピーになることもある。

11 強引に言い切る

解説ではいろいろな言い切り型を紹介した（↓P56〜61）。ここではその究極形ともいえる型を紹介しよう。それが**「強引に言い切る」**だ。

見本

- **芸術は爆発だ！（マクセル）**
- **かわいいは　正義！（漫画『苺ましまろ』）**

「芸術は爆発だ！」は、太陽の塔で有名な芸術家・岡本太郎がビデオカセットのCMで発した言葉で、１９８６年の「新語・流行語大賞」を受賞した。

「かわいいは、正義！」は少女漫画の帯に使われたコピーだが、そのインパクトからネット上で論争を巻き起こし、今ではいろいろな場面で広く使われるようになった。２つの共通点は「論理的につながりがない言葉を強引に言い切ったことで力のあるフレーズになっている」ということだ。

12 本気でお願いしてみる

最後に紹介するのは、やや禁じ手ともいえるテクニックだ。それは**「心の底から本気でお願いすること」**だ。

見本

・ベンザエースを買ってください（武田薬品）

１９８５年、小泉今日子さん出演の風邪薬のＣＭのキャッチコピーだ。このあまりにストレートなキャッチコピーは多くの広告関係者に衝撃を与えた。

人は真剣にお願いされると弱い。一度くらいなら買ってあげようかと思う。ここが勝負というときは、テクニックよりも本気のお願いのほうが効果が上がる場合がある。ただし、この手法も何度も使えない。またかと思われてしまっては効果はどんどん落ちるし信用もなくす。ここぞというときだけ使える伝家の宝刀だ。

さて、特別付録はどうだったかな？　マンガや解説で紹介したものと合わせてきちんとマスターすれば、君の「キャッチコピー力」は飛躍的に伸びるだろう。

より多くのテクニックを知りたければ、ぜひ親本である『キャッチコピー力の基本』を読むように！

最後に私から君にキャッチコピーを贈ろう。海外の広告会社がつくった動画のタイトル（英語）なのだが、選ぶ言葉、使う言葉一つで君の人生が大きく変わることを表現している。対句で、韻も踏んでいる名コピーだ。本のカバーのどこかに書いておいたから探してみてくれ。

本書をきっかけに、君が「キャッチコピー力」を手に入れて、自分自身の人生を切り開く道具にしてくれたら、とてもうれしい。

謝辞

まず、シナリオと解説を書いてくれた平賀源一さん。あなたのおかげで、著者としてはできあがってくる原稿を楽しみに読むだけという楽な仕事ができました（笑）。そして、素敵なマンガを描いてくださった松浦まどかさん。マンガの企画編集をしていただいたトレンド・プロの竹内亜耶さん、川崎隆昭さん。日本実業出版社の山田聖子さん、親本から引き続き担当していただいた川上聡さん。ありがとうございます。

東京都八王子市に本店をかまえる、うなぎの名店「志乃ざき」三代目当主篠崎賢治さんには、うなぎ屋の描写をチェックしていただきました。一度、取材もかねてお店にお邪魔しましたが、ほんとに「うなうま！」で、伺ったスタッフ全員のテンションが「うなぎのぼり」になったことは言うまでもありません。

「うなぎ味のなまず」に関しては、近畿大学の取り組みにヒントを得たものです。近畿大学広報部に確認したところ、「うなぎ味のなまず」では商標登録しておらず、最近は「近大発なまず」という名称で販売しているので問題ないということだったので使わせていただきました。ありがとうございます。

そして最後に読者のあなたにも感謝です！　またどこかでお会いしましょう。

２０１８年12月　川上徹也

川 上 徹 也（かわかみ てつや）

コピーライター。湘南ストーリーブランディング研究所代表。大阪大学卒業後、大手広告会社勤務を経て独立。東京コピーライターズクラブ新人賞、フジサンケイグループ広告大賞制作者賞、広告電通賞、ACC 賞など受賞歴は15回以上。『キャッチコピー力の基本』（日本実業出版社）、『物を売るバカ』『1行バカ売れ』（いずれも角川新書）など累計50万部突破。海外でも多数翻訳出版されている。

シナリオ・解説

平 賀 源 一（ひらが げんいち）

エレキテ流コピーライター。江戸時代の鬼才で、元祖コピーライターと呼ばれる平賀源内に（勝手に）師事している。本書がデビュー作。

マンガ・カバーイラスト

松 浦 ま ど か（まつうら まどか）

1999年ちばてつや賞優秀新人賞を受賞しデビュー。ダイナミックな構図に定評があり、学習漫画なども数多く手がける。大型犬と猫と暮らす気ままな漫画家。

マンガでわかる キャッチコピー力《りょく》の基本《きほん》

2019年 1 月20日 初版発行

著 者 川上徹也 ©T.Kawakami 2019
発行者 吉田啓二

発行所 株式会社 日本実業出版社 東京都新宿区市谷本村町3−29 〒162-0845
大阪市北区西天満 6 − 8 − 1 〒530-0047

編集部 ☎03-3268-5651
営業部 ☎03-3268-5161 振 替 00170-1-25349
https://www.njg.co.jp/

印 刷・製 本／中央精版印刷

この本の内容についてのお問合せは、書面かFAX（03 − 3268 − 0832）にてお願い致します。
落丁・乱丁本は、送料小社負担にて、お取り替え致します。

ISBN 978-4-534-05662-7 Printed in JAPAN